神の言《ことば》はつながれてはいない III

ホーリネス弾圧記念聖会講演・説教集

ホーリネス弾圧記念同志会委員会［編］

YOBEL,Inc.

装丁：ロゴスデザイン・長尾 優

序文

工藤公敏

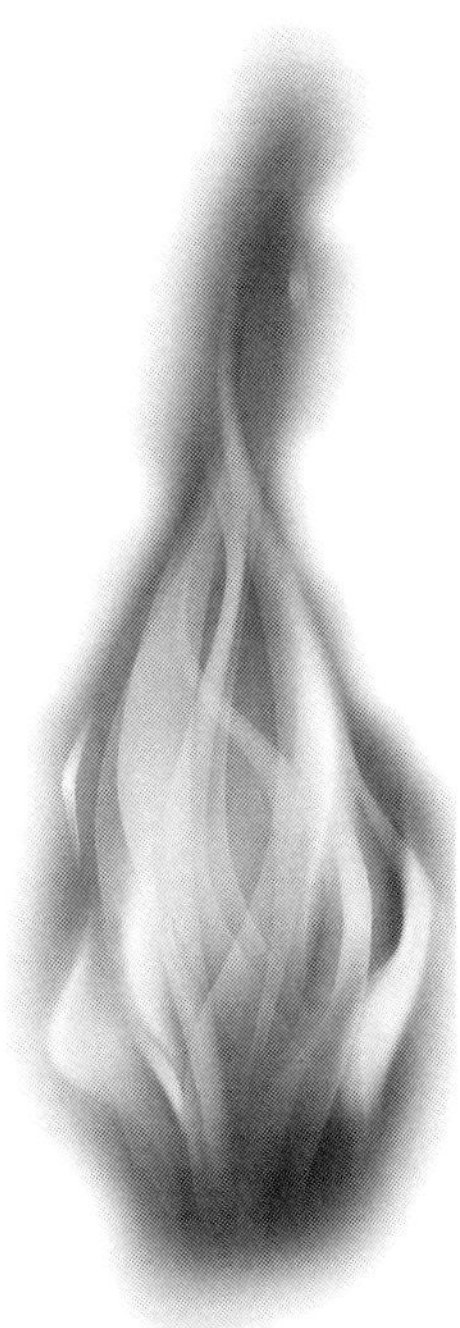

一九四二年六月二六日は宗教弾圧を受けた日である。

この日、私たちの大先輩の先生方が、早天祈祷会の最中に一斉に検挙、逮捕され、警察署に留置されたのだが、それは全国ホーリネス系の牧師百余名に及び、釈放後まもなく死亡した小出朋治を含む、菅野 鋭（横浜）、竹入 高（京都）、丸山覚三（秋田県湯沢）、斎藤保太郎（水戸）、池田長十郎（名古屋）、辻 啓蔵（弘前）らの獄死者を出した過酷な宗教弾圧となった。翌一九四三年四月には、「国体を否定し、又は神宮若しくは皇室の尊厳を冒瀆すべき事項を流布する目的として結社を組織した者、又は結社の役員その他指導者たる任務に従事したる者は無期又は四年以上の懲役に処し」とある治安維持法第七条が、ホーリネス弾圧事件の法的根拠とされ、約三五〇の教会が解散を命ぜられてしまう。

私が網走教会に着任した際、教会には、前任者初見牧師の信仰が息づいていた。

初見司郎牧師は、奥さんが召されて三カ月後、小樽の亡妻の実家に立ち寄ろうとして坂道を登っていた時、検挙された。日本北端の樺太の豊原教会の牧師であったので、豊原警察署に連行された。火の気の全くない留置所の寒さはもちろん、その中で最も苦しめられたのは空腹の辛さであった。留置所で六カ月を過ごした後、豊原刑務所の独房に入れられ、極寒零下三〇度にもなる中、二冬を過ごした。その後、本籍地の水戸刑務所に移管される。極度の栄養失調と疲れから身体がむくみ、色も形も冬瓜《とうがん》のようになったのだが、初見牧師はその当時のことを、「先輩方の末席に連なって主のため福音のために、かかる身と成り得たかと思えば感謝の日々であった」と記しておられる。

一九四五年四月出所すると、すぐに茨城県の羽鳥教会、兄弟団聖書学院の創設に力を尽くされ、網走教会に赴任後は、網走刑務所の教誨師をされながら、多くの方を救いに導き、また常呂、美幌教会を生み出し、その基礎を築かれた。聖書学院院長、宇都宮教会牧師を歴任し、百四才で召されたのだが、最後まで、弾圧を生き抜いた聖徒としてよい証しを残してくださった。

私も網走刑務所の教誨師を十二年間させていただいた。受刑者に福音を語りながらも、行くたびに初見牧師が刑務所でご苦労なさったことを思いつつ、あの弾圧がいつ起こるかわからないのだとの危機意識を抱いていた。

願わくは、第三集目となったこのホーリネス弾圧記念聖会の記録集が、その役割を担えれば幸いである。読むごとに、自分の信仰の覚悟を問わせていただきたいと願っている。

目次

六・二六ホーリネス弾圧の教訓

本間　義信

この中には五十年前の弾圧をくぐられた方々がいらっしゃいます。おそらく、私の年代からこの出来事が「歴史」になっているのではないだろうかと考えております。

私は山形県鶴岡で誕生いたしました。一番最初にこの集会のためにお祈りくださいました米田奈津子先生の初陣の地でございます。その場所で米田先生は弾圧をお受けになられています。私がかつて属しておりましたホーリネスの群れで出版をいたしました『その時私は』という、信徒の方々を中心にして編まれた弾圧の思い出の記録があるのですが、そこをくぐられた先生でなければお書きになることはできない、いくつかのことが記されており、私は興味深く、繰り返し読ませていただいております。

私は一九四〇年の生まれなので、本年五二歳になりましたが、この時点ではちょうど二歳半でした。ですから何が起こっていたかなど知るはずもありませんでした。ただ、私の母はまだ健在ですが、一九四二年が弾圧の年で、翌四三年四月にホーリネス系の諸教会は結社禁止令を受けて解散させられていますが、その年の三月に弟が誕生しております。「まだ産休が開けていない時に衝撃的な出来事にぶつかった」と母は記しております。

この鶴岡聖教会と申しますのは、旧鶴岡城址南側の堀端にございまして、たぶん米田先生が記していることと関係があると思うのですけれども、六月の当日の朝、刑事が踏み込んできて、書き込みのある聖書をみんな持って行ってしまわれた。「商売道具がなきゃ困るだろう」ということで書き込みのない詩篇付きの新約聖書が残されて、その一冊の新約聖書を手元に置いて、それからほぼ一年弱の間、集会が守り続けられたと記されています。おそらく、その頃の集会に、たぶん子どもの記憶ですからわかりませんが、何度も背に負われ、手に引かれて通ったであろうと思うのです。私は一回だけ記憶があるんですね。たぶん栄養の関係ではないかと思うのですが、当時、夜の闇の中では何も見えませんでした。鳥目になっていたのですね。そこに突然戸が開いて、明るい部屋が見えて襖や柱の陰から何人もの人たちの顔がのぞく、そういう場面です。あの頃は甘いものなんてなかったのですが、たぶんその帰りに干しバナナをもらったんです。その頃の思い出としては何とも言えない味がした。今なら大したことはないのかもしれないのですが、親に、「家に帰るまでに背中で寝てしまうと落とすから持っててやる」と言われても、離せないんです。そして寝てしまう。家に帰ると手にないんですね、「それ見ろ」と怒られた、そういう記憶があるのです。その集会は一九四三年（昭和十八）四月に閉鎖されますので、前年六月から四月の間の記憶ではなかろうかと、そのように思っております。

今日ここで少しまとめて申し上げようとしておりますことは、この経験をくぐった方々、あるいは少し学んだ方々にはおなじみのことでございます。しかし、お見受けいたしますと私よりも若い方々もかなりいらっしゃる。あのイスラエルの民族が毎年春になると、過越の祭を行い、そして、その中で子どもたちがこれに質問し、子どもたちのために親たちが答える。「お父さん、お父さん、どうしてこの祭りはいつもと違うの、いつもの安息日の時には種なしのパンも、普通のパンもあるのに、この日はどうして種なしのパンしかないの」と、問答調で、いわゆる子どものためにペサハの祭りをするわけですが、その中で自分たちが掘り出された穴、切り出された岩であると繰り返し、繰り返し、くどいというほど確認していくわけであります。私たちが記念聖会を持ち、セミナーを持つということは、忘却したり、風化させてはならない歴史的な事実について関心を呼び起こし、忘れてはならないということを心に命じ、そして思い起こす、このことが求められているからに他なりません。

初めに、事実関係をかいつまんで申し上げてみたいと思います。

一九四二年六月二六日がその日でありますが、この事件の前に、函館聖教会の牧師でありました小山宗祐師の死という事件がございました。報道管制が敷かれている時代でありましたから、広く人の知るところとはなりませんでした。四月に行われておりました旧聖教会、日本基督教団第六部の年会の最中に北海道の責任者でありました伊藤 馨先生より秘密会が求められて、余人を交えずに教職だけで小山師の最後についての報告がなされたのでございます。

一九四二年（昭和17）年一月に小山先生は憲兵隊に逮捕されました。理由は仲介に当たってくれた憲兵隊の係官によれば戦争反対、そして宣戦布告なしにハワイを奇襲したということに対する非難についてでした。また、神社参拝に反対するように信者を指導したとし、天皇も人間であるとするならば罪人であり、イエス・キリストの贖いがなければ罪を免れない、そういう、「天皇も含む」という人間観について問題にされ、キリストの再臨、これを具体的、歴史的、地上的に信じているということのゆえに、それは日本の国家を転覆させ、日本の国柄、天皇を中心にする国柄をひっくり返すと受け取られ、そういう意味で共産党と同じであって、片方が暴力革命なら片方は神の力、その違いだけだという風に理解されたわけです。

三月二二日に公判があり、しかも公判の大半は傍聴禁止令が出ており、そして三月二六日に拘置所で自決する。こういう結果になったのであります。公式発表は自決ですが、多くの人たちはこれを疑っております。他殺であるか、自決であるか。山崎鷲夫先生も『ホーリネス・バンドの軌跡』を編むに当たって現地調査をなさったし、聞き込みもなさったようですが、不明ということでございます。そして四月十八日には第六部の年会時、秘密会という形でこのことが報告されたわけでございます。

東京初空襲がこの時期にあったこともあり、一同がこうした非情な体験を心に秘めつつ、悲壮な思いで、「エホバはまことの牧者にませば……」（聖歌５０２）と賛美をして、全国に散って行きました。が、その年の六月二六日の朝、それぞれが早天前、早天の頃、早天後に官憲の捜査、逮捕を受けたわけであります。この資料に載せておきましたが、これは山崎先生の編まれた『ホーリネス・バンドの軌跡』の中に記されている弾圧光景でございます。

第一次検挙というのは当日です。そのあと第二次の検挙があり、外地での検挙があって、合計一三四名の牧師、伝道者たちが警察に引かれました。そして有罪判決が出され、上告も簡単に棄却、そして服役。未決拘留の方々も地方にはいっぱいいらっしゃった。一三四名の内七五名が起訴されて、五九名は起訴猶予であったと、統計上記されています。この一三四名というのは旧聖教会、旧きよめ教会、日本基督教団に加入していなかった東洋宣教会きよめ教会結社、この三つを合した数です。この中から、聖教会系四名、きよめ教会系三名の計七名の方たちが帰らぬ人となり、殉教者と数えられたわけであります。

この資料をお読みいただければわかると思うのですが、地方、県によりまして扱いが違うんですね。たとえば、警察の踏み込みや呼び出しはどこの教会でも行われたのですが、全員が逮捕されたわけではないのです、その日のうちに帰された。東北は、長く拘留されたのは仙台の部長一人、他は警察に呼び出されて取り調べを受けただけです。そういうところもあるかと思えば、九州の場合は聖教会は特別に何か起こっていなくとも警察に長い間引かれるということで、たとえば伝染する皮膚病をもらって苦労する、南京虫の攻撃を受けるという苦痛を皆さんがなめられた。私共の教会の牧師でありました小出 忍先生、彼は殉教された小出朋治先生の長男であられますが、長崎聖教会で奉仕をしていた時に呼び出しがあった。「あなたの身辺を洗ってみると、あなただってしょっ引いて行かなければいけない。だけれど特別目立った何かをしているわけではないので、用事があったら呼ぶから家にいなさい。引っ張るのは勘弁してやる。その代り、これからは全部どこへ行くか届けてもらう」。そして、尾行、監視がいつもつき、玄関を出ると「どちらへ行かれますか」と聞かれるという風になる。その地方地方によって扱いは異なっていたようですが、あるところでは私のようなものまで引っ張られた、というものや、あるところでは部長が責任者として引っ張られ、そして苦労した、というケースもありました。

東京の警視庁関係では十三名の先生が検挙され、拘束されました。東京は群れ全体の責任者、あるいは学校の責任者、出版の責任者と、責任者がいっぱいそろっていますから、十三名となったわけです。もちろん他の人たちも調べられておりますが、この十三名の人たちについては、その時から二年以上経過した一九四四（昭和19）年八月二一日に第一回の公判があり、七回ほど公判を重ねて十一月二九日に検事論告、十二月二七日に判決がありました。これはいろいろないきさつがありましたが、控訴します。自分たちはこのようなことに関して宗教上の問題で罪を問われる覚えがない、何かの間違いではないか、基本的にはそういうことですが、いつまでたっても上告審が開かれない、今か今かと待っているうちにとうとう終戦になってしまいました。これは後からわかったことですが、五月の空襲で法務省関係の建物が大半焼け、わずかなものを残して、大事な上告の資料が焼けてしまいました。ですから裁判をしようにもできなかったわけです。そして、十一月十三日に代理人弁護士が呼び出されて免訴の判決を受けました。免訴というのは、裁判する事由がなくなった。裁判自体がないものだという判決です。ですから変な話です。出された問題を苦労して解いている最中に、問題を出す理由がなくなりましたと引っ込めるという、何か拍子抜けしたような結果になった。これも神さまの導きがあったのだろうと思うのです。

念のために申し上げますが、全く同じキリスト再臨の問題が、治安維持法違反、国体変革を企図せる罪ということで裁判を受けている人がありました。北海道の無教会の伝道者でありますが、浅見仙作という人です。この人は上告審で資料がなくなりました。そのために彼は六月に判決が出るのですが、無罪の判決が出る。前の前の最高裁の長官であり、クリスチャンでもありました藤林益三という方がおられ、あの方がまだ若く駆け出しの頃、この裁判の記録を作る仕事を手伝っていました。終戦になる前に判決が出て本当に良かったと思ったそうです。ある意味で政治的に流されていた日本の国の中で司法権の独立とか公正なる良識を失わない裁判が行われたということで、きっと司法関係者としてうれしかったのではないでしょうか。まだ治安維持法が働いている最中です。「あれも免訴にならないできちんと答えが出て良かった」とおっしゃっておられたのを、一緒にお話をする機会がありました時にお聞きいたしました。

私はこの問題を三つの角度から考えてみたいと思うのです。一つは弾圧した側の考え。もう一つは弾圧を受けた側の考え。そして弾圧を見ていた側の考え。それが、どんな風だったのか。そういうことをこのように分けて考えてみますと、歴史としてこれを眺める者にとりまして、その当時が伺えるのではないかと思います。

大変幸いなことに、今の時代は特高資料が公開されておりまして、その当時、発言された人も書類を出した人も知らなかったと思うのですが、そういったものが全部まとめられて、一斉に公開されました。どこかでついうっかり話したこと、そして始末書を取られたこと、厳重注意を受けたこと、全部記録として残っている。そういうものの中に、このことを考える材料がございます。私は同志社大学社会科学研究所がまとめました『戦時下のキリスト教運動』（新教出版社）を利用させていただきました。これ以外にもまだ、同じように編纂された資料もございますが、一九四一年の特高資料の中に、「大東亜戦争に対するキリスト教会の特異動勢」、特別に異なっている動き、「右へならえ」していない、そういうものの中にホーリネス教会のことが記されています。その中にこんなことが書いてある。

「中には何ら時局を解せず非国民的態度に出ずるもの少からず。ことに従来英米依存関係にありたるプロテスタント系基督者並びにきよめ教会、日本聖教会等終末教徒」。私たちはアドベント教団でもなければモルモンでも何でもないのですが終末教徒と彼らは称したわけであります。つまり再臨というものを強調している輩《やから》だというのです。「終末教徒の言動には極めて注意警戒を要するものありて、あるいは大東亜戦争をもって地上国家及全人類に対する神の最後的審判たる『ハルマゲドン』の序曲戦なりとなし、この戦を通じて全世界の滅亡、基督統治の地上神の国建設が行わるべしと妄断して」。とんでもないことですね。「『興味をもって見ている』との態度を示し、あるいは日本民族が神より課せられたるイスラエル民族の回復を援助すべき使命を達するの時来れりと妄説して大東亜戦争の目的を歪曲する等のものありたり」。国家が進めている戦争遂行の目的を全然違うものと理解し、宣伝している。そして、「自分たちの目的のために事が進んでいるぞ」と、この様に宣伝している輩がいる。とんでもないことだ。こういう連中の言動は本当に注意しなくてはいけないということが、四一年の段階で特高資料の中に記されているわけです。

一九四二年になりますと、「宗教関係犯罪の検挙取締状況」という項目中に、「旧ホーリネス系三教会の治安維持法違反被疑事件」、日本基督教団第六部、第九部、宗教結社の東洋宣教会きよめ教会ですが、そのことが記されている。その中で、「三教会は、いずれも英国人ジョン・ウエスレーによりて創始され米国において発達せるメソジスト教会の流れを汲む基督教新教派にして」、皆さん知ってますよね。往々にして我々が素朴に聖書を信じて信仰しているよりも、特高や警察のほうがキリスト教のことをよく知っている。資料を読むとビックリするほどよく知っている。「その思想信仰ないし実践活動は後述の如くユダヤ民族の支配統治する世界一元国家の建設を究極目的となし、我国体を否定し、神宮の尊厳を冒瀆すべき内容の教理を信奉宣布し来たれる不穏結社にして、特に大東亜戦争勃発後における動向には最も注意警戒を要するものありたり」と書いてある。

一九四一年十二月八日未明、太平洋戦争が始まります。その前に日中戦争が続いています。そして、十二月八日を境にフィリピン、南方オランダ領インドネシア、そしてインドシナからタイ、マレーという風に戦いは広がっていったわけでございます。

キリスト教の内容を、「神宮の尊厳を冒瀆すべき」と書いてある。その内容がどうなのか、後から三つ出てくるんですけれども、教会が解散させられる時の理由です。第一が神宮に対する不敬、第二が皇室に対する不敬、第三が国体変革を企図する罪。何がそうなのか、天地を造られた唯一神を信じているということが伊勢神宮に対する冒瀆だということ、それから人間は罪人であってキリストの贖いを必要とするということは、天皇をも罪人とすることであって、皇室に対する不敬だ。そして、キリストが再び地上に来るということは、この地上の秩序というものが改まるということだから、日本の国柄ということも改まって、天皇制がどこかへ行ってしまう。だから共産党と同じだ。共産党の暴力革命を、キリスト教は神さまの力でやろうとしている、というわけですね。

ですから、「我は天地の造り主、全能の父なる神を信ず」、使徒信条の最初です。それから、「我らの主イエス・キリストを信ず、主は聖霊によりてやどり」、キリストの贖い、十字架を信じなかったらキリスト教じゃありませんね。それが、皇室に対する不敬だというのです。「かしこより来たりて生けるものと、死ねるものとを裁きたまわん」、こういうことを「信奉宣布し来たれる不穏結社」だという。皆さん、どうですか、皆信じているわけでしょう。ここにいる人はみな不穏なわけですよ。こんな集会をしていたら一網打尽ですね。

日本基督教団の部制解消問題に関しても、他の一般キリスト教会と根本的に相違する従来の思想、信仰、伝統等、その特異性をあくまで固守しつつ、大筋、皆と一緒になったけれども、我々がきよめを信じている、メソジストの伝統を持っている、聖書の信仰を持っていることは、お互い信じる者同士が集まって励まし合ったりすることは差し支えないだろうということをお互い言い交している。また、機関誌にも書いてある。それに対して、官憲の側は、「この時局が困難を極めている時、他の教会は皆、戦争遂行に協力しているではないか。今のキリスト教は、日本的なものに衣替えしつつあり、真に協力的であるのに、けしからん」という。これまでの信仰をずっと守っていくことがキリスト教らしいと思い込んでおり、まったく頭が変わらない。というように見ている。「その不逞邪悪性とみに顕著となり来たれるをもって」、そして「治安維持法違反に問擬することに決し、本年六月二六日払暁全国一斉検挙を断行し」という風に文書が続いて行くのであります。

時間がありませんから細かいことを申し上げるわけにはいかないのですけれど、読んでまいりますともちろん歴史的な順序とか細かい区別についてはわざと混同させているところがある。一網打尽にするためですが、しかし、「あんた、勉強したか」と言うと、「忙しくて。勉強しなくてはいけないと思っているんですけど」、なんていう人に比べれば、警察はよく勉強してますよ。実に的確にホーリネスの信仰をとらえています。信じようとしてではなくて、やっつけるためにできるだけ正確にこれを理解するよう努めた。

一番問題なのが「そのいわゆる聖書解釈の如きすこぶる独善的にして他の一般基督教会と全く異る現実的解釈をなし」、これ何のことといっているかわかりますか。イエス・キリストが聖書に書いてある通り、雲に乗ってもう一度おいでになるということを真っ向から信じているということは、すこぶる独善的にして一般的キリスト教会と全く異なる現実的解釈だと言われている。皆さん、そんなことを考えたことがありますか。そうでない解釈をしている人が生ぬるいと考えている人の方がこの中に多いのではないでしょうか。かつ、「もっぱらユダヤ民族復興運動（ユダヤ民族の世界制覇実現運動）の観点よりのみこれを解釈しおり、我国体を否定すべき内容のものなり」。これは国民体育大会を縮めた言葉ではありません。日本の国柄、国の在り方、国の本質的な在り方という意味であります。そして、検事論告の一番最初に出てくるのは、「日本ホーリネス教会又は日本聖教会の会則に『キリストが栄光の貌《かたち》を以て再来し』とあるのはこれであります。前述の予審の認定にキリストとあるのはこの栄光の貌におけるキリストの意味することはその調書よりして明でありまして、かくキリストが目に見える現実観をもって再臨し、この地上に千年王国を実現して、日本を含む地上一切の国家の固有にして絶対の統治権は失われ　例外なくキリストの統治に服するに至るとなすものとすれば、それはおそれおおくも万世一系の天皇の大日本帝国御統治が千年王国の実現に際して廃止せらるべしとなす説たること明であり、かくの如き再臨説を包含する日本聖教会の教理は当然国体を否定すべきものとなるのであります」と、再臨信仰というものを冒頭に持ってきてこれが問題だとこういう風に言われているのであります。

確かに、宗教の問題と政治の問題を混同しているからこれは間違っていると言う人があります。その通りかもしれません。しかし、そういうことは通らないし、通させたくなかったのがその当時の国の実情であったということです。

『霊光』（機関誌）の中にしばしば日本基督教団というものに合同し、何年かののちに部制が解消したなら、いったいホーリネスの信仰というものを維持してきた我々の交わりはどうなるのか、ホーリネスはどうやって維持していくのか興味をもって問われていた。それに対して論説を掲げる方々が、一生懸命聞くことだという。たとえ一つになっても、一色に塗りつぶして、信仰までそうするわけにはいかない。カトリックの例でありますが、他の例を挙げまして信仰的な運動は一致していてもかまわないんだ。そういうことは一生懸命書くんですね。一緒になったから今までの伝統的なホーリネスの信仰までご破算にしてしまうわけではないんだ。おおむねキリスト教としては一つであっても、強調してきた信仰については信仰運動としてこれからも続けていくんだ。それがいろいろな人たちによって繰り返し、繰り返し機関誌で言われるんですけど、そういったことも全部抜き出されて、「教団が行こうとしている方向とホーリネス系の諸教会が行こうとしている方向と違うではないか、部制が解消したのちも信仰の特色をいつまでも維持しようとして狂奔しているぞ」とされています。

そしてずっと検事論告が続きまして、基本的には再臨の信仰です。国体は絶対であります。皇国臣民の一人ひとりが国体観念に徹すること、これ皇国発展の根本要義であります。

「かかる時局において、国体に背反するが如き信仰を国民の間に流布せしめることが、いかに国民の国体観念を蝕むか」とし、そして、「被告人等は」、東京から検挙された十三人の先生方です。「昭和十六年五月末日現在の文部省の調べによれば教会又は伝道所数一九七、伝道者数二五三名を擁して、かかる悪質な教理」キリストの再臨です。「教理の宣布に狂奔しつつあったのでありまして、信者一六、三五〇名をもってかぞえられておるところをもってしても、国家の風教に与えたる影響真に怖るべきものがあるのであります」。一億が一丸となって戦いに前進している時に、一六、三五〇人もの人間をたぶらかしていた、何というけしからん奴らだというのが検事論告なんです。

国家はこのようにホーリネス教会をとらえていました。評価は違いますけれどもホーリネス教会というものについて、ある一面、かなり鋭くとらえている気がします。おそらく、その当時信仰していた信者さんの誰よりも警察の方がホーリネス教会の本質をとらえていたのではないかとさえ思います。

それではこの弾圧を受けた側はどうだったのでしょうか。まず第一に、大方は戸惑いを受けている。「なぜだろう」、「どうしてだろう、分からない」です。

米田奈津子先生の文章を読ませていただきますが、「民家を借りての教会堂であったが、近所の人々は何事かならんと教会の周囲にたむろしてひそひそ語り合ったり、そっと覗いたりしている。塩沢夫人と二人で腰が抜けたように座り込んでしまった。何が起こったのだろうかと考えてみてもさっぱりわからない。何はともあれ本部からの通達を待つ以外にない。しかし、本部からは何の音沙汰もないのである。鶴岡署の刑事が毎日のように訪ねてきて本部から何か知らせがあったかと何時間でも話し込んでいる。話の種がなくなるとギリシャ神話などを読んできては、わけのわからないことを質問して、思わず苦笑してしまう一幕もあった」。こんなことが記されています。

またその時、一緒にこのところをくぐられた塩沢正司牧師夫人が、こういうことも言っておられる。「他の何人かは二階の本棚から帳簿と引き合わせながら証拠物件でもあるかのように本を引き出していた。警察権力がかくも理不尽に有無を言わせず勝手なことをするものであることを否応なしに知らされた。二台の自動車で大切な本を勝手に積み込んで悠々と引き上げて行ったけれど、何一つ抗議をいうことができなかった。後で先生と一体何のことでしょうと語り合ったけれど、さっぱりわからない。新聞で何かわかるかもしれないと開いてみると、フリーメイソン事件だかの見出しでユダヤ人が如何にとか出ていたので、西田先生とこれと間違えられたのかもしれないと話し合ったことでした」。

六月二八日の東京日日新聞にフリーメイソンのことが載ったということが他のところにも出ています。ですから、そのことが中田先生のユダヤ民族観と結び付けられて今日があったのではないかという風に予測した人がいた。しかし、当座はほとんど「なぜこんなことが」。これが一般的な理解でございました。

そして、その教会、教会、地方、地方によっていろいろな反応があったわけで、鶴岡聖教会の場合には、先ほど申し上げましたように米田先生が詩篇付き新約聖書一冊で、とにかく翌年の教会解散まで定期の集会を守り続けられたわけであります。

結社が禁止になって、集会も禁止されたことが起こって、多くの教会はそこで交わりも許されない。教会の人は牧師のところへ行ってはいけない、牧師も訪問してはいけないというようなことを言われて誓約書まで取られるわけです。「立小便をしても、『今後一切しない』という誓約書を書かされるのだから、そんなもんですよ」と言った人がいたということです。クリスチャンは生真面目だから、そうなったんだからそうしない、と従った人も大勢いたわけです。その中で、お米を届けたり、野菜を届けたり、あるいは月定献金を続けたり、隠れてそうなさった方がいた教会もあります。しかし、交わりが断たれた後、殉教された先生のところではおかずもない中で、関係者のところに子どもさんが行って「一つでもいいから分けてほしい」と頼んだ時に、「あなたのところにやるものはない」と言われたとの話も聞いた。それぞれが厳しいところをお互いに通されていたわけです。

　しかし、北海道の札幌新生教会などは、集会をしてはいけない、もうあなたがたの所へ行けないと言われ、残された伝道師の奥様は、「教会に行けないのならうちに来てください」ということで、信者の方が郊外であったようですけど集会所を二カ所を設けて交互に定期的に集会をしていた、というケースもあります。あるいはある長老が全体をまとめてほとぼりの冷めるまで、自分たちの信仰を守るためにそっくりそのまま他の教会にまとまって出席していた。ですから、自由になると教会の復興が早かったというような教会もある。

　また、これはもう申し上げてもたぶん許されると思いますが、八幡の聖教会のことが載せられています。その中に「国家の手入れを受けたということは理由をどうつけようとも不祥事であって、キリスト教会にあるまじきことだ。この非常時に国家に迷惑をかけるような教義を持っている教会にいることはできない、信仰は私事、国家のことは公事だから万事公のことを優先させなければいけない。この際、断然教会を脱会させていただきます」と言ってきた信徒に対し、「まだ、本部から何の通達もないし何事が起ったのか確認ができていないのだから、軽挙妄動しないように」と牧師夫人やあるいは近隣の教会から検挙されないでいた先生方が問安に来るのだけれども、それを振り切って出て行くという方もいたんですね。「国家のことそれは公のことですから、信仰は私事ですからこの際断じて国家のことを優先します」。こういう反応も教会の中にはあったのだということです。

ただ、そのような悲しいことだけがすべてではありませんでした。十八年の特高記録の中にはですね、これは特高にとってはあまりありがたくない資料であったのではないかと思うのですが、断固として信仰に立つ人たちがおり、そういうのはけしからんと、その特異言動の例として載せられている。

まず、旧日本聖教会、札幌聖教会の信徒総代望月さんです。私もお目にかかったことがありますけど、この人はこういう風に言っています。

「今回の処分により教会閉鎖の余儀なきに至りましたことはまことに痛恨に堪えません。禁止の理由は私共教会の特色たる四重の福音を中心とする再臨信仰にあると思いますが、基督教から再臨を取除いたら……全く骨抜きである」。そして、「永年他のキリスト教派を排撃して命がけで信仰して来たものを一朝一夕に取除くことは出来ない」と言い切っています。

松江の信徒の方はこういう風に言っています。

「信仰の禁止ということなら吾々は死の宣告を受けたも同様だが、左様でないから　かりに教会がなくなっても吾々の信仰に変わりはない。今回の処分はキリストの受難にも比すべく、吾々はこの苦難を忍んでこそ立派な信仰に入れると思う」。なかなか大したものですね。信仰を見据えていると思います。「教理に対する吾々の信念は毫《ごう》も（すこしも）変るものではない。短期間の錬成では当局の思うように簡単に転向するものは無い」。そういう風に言っている牧師さんもいます。「世を挙げて私共の敵たる時も神もし味方でいましたもうならば、懼《おそ》るることも驚くことも御座いません。このさき私共は大いに主張し真に懼るべきものなる神を懼れて、神と人の前に義しきをもって歩み、神様に喜ばるる生涯を全う致しとう御座います」、「禁止になったとて今更信仰は捨てられませぬ。他の教会では私達きよめ教会のような真剣な祈りもしない、何だか形式のような気がして他教会に行く気がしません」、「このたびの御処分につきましては私は何ら不安も動揺もありませぬ。教会や集会が止められても私は離信したり、転信したりすることは考えていませぬ」。こういう痛烈なものもあります。

自分のところの先生が牢に入れられた。それで次のような感想を語っている人もいます。「私は何故かかる結果を見たのか不思議でならない。社会の人を善導する聖人が留置場で暮し、近くの淫売窟……へ泥酔して遊興する汚人が何らの罰もなく放任せられている所を見て、私は今回の警察の処置は不当にして、我々旧ホーリネス系関係者のみ圧迫するとしか考えられぬ。私達に何の罪があるのでしょうか、私はこれも神の試練だと思い、……牧師始め関係牧師一同が早く警察から帰されることを神に祈っています」。なかなか健全ですね。こういう信仰の人がいたということですね。骨がありました。

ところが三つ目に、弾圧を見ていた人たちはどうだったのか。これはですね。未信者や隣組が見ていたよりも、クリスチャンたちが見ていた方がひどいんですよ。

別の信仰をしている人で弾圧されない人が、「ご時世だからあんたがたも苦労するけれども」と、そっと食べ物を分けてくれる。こういう事例はたくさんあったのです。ところが教団の責任者たちが次々とこういう風に言うんですね。

「私共の見る目では関係教役者よりもかえって不逞教義に対する妄執強く、それを清算し切れぬ者が多く、今後彼等は信者同志秘密集会を開催しやしないかと憂慮しているのでこの辺ぬかりない様に指導したいと思っています」。これはトップが言っている言葉ですよ、教団の。「一面基督教者に対し今後の従うべき方向を明確に示されたような気も致しますので、かえって好結果をもたらすのではないかと思います」。弾圧と教会解散のことを言っているのです。「教理上、日本の国体に反するものがあるので結社禁止は当然の処置であると思う」こうも言っています。また別の幹部は、「この問題に対して私の意見を忌憚なく述べれば、このたびの国家としての御処置は実に大英断であって、その上　血も涙もある実に親心のこもった御処置であり、真に自分ながら喜んでいる次第であります」。これがキリストを信じる人の、弾圧に対する外で見ていた人たちの目なんですよ。「教団が新発足せんとしている矢先　結社禁止処分を受けるものの出たことは実に遺憾であるが、大局的見地からいえばこうした不純なものを除去することによって、日基教団のいかなるものかが一般に認められて今後の運営上かえって好結果が得られるのではないかと考え、当局の処置に感謝している次第である」。ホーリネスは不純なものと見られていたというんですね。

「時局柄、そう発言せざるを得なかったというならば、せめてそういうことは言わなければ良かったろうなと、黙っていたらまだ良かっただろうにな」とまあ、こんな姿勢だから言えるのかもしれません。「対外的には我々キリスト教関係者の良い反省の機会となるから、将来日本的なキリスト教に覚信せしめる上には良いと思っている」。そのように数々あったわけでございます。功利的でない、こうした考えがあったわけですけれども、私たちの先輩は実に信仰的な本当に聖徒たちの問安もあったことを記しています。

例えば、小出朋治先生が一時釈放されて戻られた時に、神戸の竹田俊造先生がおいでになって、こう祈られた。「神よこの若き兄弟を顧みたまえ、彼は我らが行くべきはずの獄屋へ行き、我らが負うべき十字架を負うたのであります。再び立たしめたまえ」。こういう風に祈ってくれるほどの先輩がいたということは感謝なことですね。東京では安部豊造先生のところに田島 進という老いた先生が足もおぼつかないところを訪ねてこられ、挨拶をされた。「誠に主の福音のためご苦労してくだされたそうで、本来ならば我らが入獄せしところ、我らに代わって苦労してくだされたのです。みんなに代わって心からお見舞い申し上げます」。こういう人たちもいたということであります。

以上のような国権国家関係の内側外側のことを見た上で、私は当時の日本的状況、宗教的日本的状況、そして今日の状況ということを申し上げてみたいと思います。

一九三六年五月にローマ教皇庁は、神社は宗教に非ずとの日本の政府の立場を了承して、宗教行為でない信者の神社参拝を認めた。そのために、たとえば上智大学には神棚が飾られたわけであります。そのことでいわゆる弾圧解散という出来事はなかったということです。一九三七年には靖国神社と明治神宮に昇殿参拝、一九四一年には辻大司教、田口司教、古屋京都教区長が伊勢神宮を参拝した。ローマが許可したということで、そうしたわけであります。決して自分の判断でやったわけではないですね。しかし、キリシタン時代以来多くの血を流してきたこのカトリック、彼が戦ったのは神社仏閣、偶像礼拝としてこれを拝まない、それに命を懸けたわけです。踏み絵を踏まなかったわけです。長崎の浦上で一番、二番、三番、四番と崩れたのですが、彼らは戦い通したのです。それが、一片の了解事項で心が痛まなかったのだろうか、そうリポーターは記したのです。

現代の中にも似たような出来事があるのです。国権はまだ動いていない。しかし、もうそれと同じような状況が地方地方、いろいろな局面で起こってきています。たとえば、これは『この国で主に仕える』（いのちのことば社）で紹介された稲垣先生の文章ですが、ある教会員の体験です。

「おはよう。私は○○明神の氏子代表です。奥さんですか、村の付き合いができないというのは何のことかと戸惑っている。困りますね。この村に住んでいる以上村の行事には参加してもらわないと。奥さんでしょう、この間当番の人が回ってきたときにお神酒銭を断ってきたの」。そこで私はやっと例のことを思い出した。「ああ、あの事ですか。はい、断りました」。「奥さん、たったの二百円でしょう」。「お金の多少の問題ではありません、信仰の問題です」。「それでは村の行事から抜けるということですね」。「村の付き合いはできないということですね」。「いえ、お付き合いはします」。「それではお神酒銭も今度から払ってくれますね」。「それはできません」。「全くわからない人だな。たかが二百円ぐらいのお神酒銭が払えねえというんですか」。「はい、○○明神という神様に対してはお払いできません。私の信仰はキリスト教です」。「奥さん、馬鹿なこと言うと笑われますよ。村の行事は信仰なんかではありません」。「信仰でないのになぜお神酒銭を集めるのですか」。「あの金でお酒を買って神様にあげるんです。その後、皆で飲んだり食ったりするのが村の行事といって村の付き合いをするわけですよ」。「それはおかしいですね。氏神様の信仰がなくても氏子ですか」。「そうです、信仰とはまったく関係がありません」。「それでは信仰のない神様にどうしてお神酒を上げたり、拝んだりするんですか」。「これは昔からやってきたことですよ。別に信仰がなくても村の付き合いということですからね。第一、キリスト教だけですよ、そんなことというのは、他の宗教の人たちだって気持ちよく出してくれるし、当番だって引き受けてくれますよ」。「そういう信仰もあるでしょう、でも信仰は自由です。私の信仰も自由です。それが憲法で書かれている信仰の自由ということですよね」。「あんたもたまげたね、あんまり利口ぶって憲法だの、信仰の自由だのと言ったってあっしらにはさっぱりわからねー。あんたと話しても仕方がねえ。本家の旦那に相談すべえ」。急に語気を荒くしてバタンとドアを閉めてこの方は去って行った。冷静に応対していたはずなのに、ホットした瞬間にすうーと血の気が引いて歯がカチカチと鳴り、ガタガタ震えだしてしまった。

皆さんこれは今、現実にいくらでもあることではないでしょうか。

同じ先生が書いています。宗教的なことでなく、赤十字募金があった。「前の人が四百円払って、ずっと四百円できている」「私は今回五百円にしたいんですけども」「困る。やめてくれ、あんたを五百円にすると、四百円した人が皆恥をかく。これからの人は皆五百円にしなければならなくなる。だからやめてくれ」。

これが日本の社会ですね。こういうことがいくらでもあるんです。こういうことを逆手にとって、寄付金を集める時には一番高く出してくれるところをちゃんと調べておいて、そこに奉加帳をもっていって書いてもらう。そうすると右へならえで自然に集まってくる。そこを落とさないと、どこへ行って頭下げても献金をしてくれません。「牧師さん知らないからそういうことやるんですよ。世の中は皆知ってます」。

私はこういう問題の中に実は宗教でない形で宗教が潜み隠れているのではないかということを考えています。神道というものが宗教と言われているわけですが、これは日本人の宗教だと、ひろさちや氏は定義しています。日本人の宗教、日本人であるということ、それが神道であるということです。日本人にならなければ神道の氏子になることはできない。その結果、日本人はそういう観念に育てられている関係上どうしても肌の色、言葉の違う人に向かって排他的になりやすい感情を持っているのです。この神道という宗教は、その排他的な性格を日本人の感情に植えつけているわけです。普段は無意識的に習俗的にそれは存在していますが、自分と対立する個性的な異教だということに気が付くと、猛然とそれは排斥に立ち上がり、活性化するというのです。仏教が入ってまいりました時に、猛然と立ち上がって戦争があって、祀られていた仏像が海に放り込まれたなどというのはそういう事態です。日本人としての一体感の中に調和していれば何でもいいんです。何をしていてもいいんです。しかし、そのことよりも近代的自我の目覚め、個性の主張、そういうことがあるとすぐに、それでいいのかと言い始め、自分の個性を主張する者に対しては、神道は排他性をむき出しにするのです。

神道など全然知らず、または神社の前で頭を下げない人であっても、日本人の日常生活の中に和というものが優先するため、個性的な問題が主張されるやいなや、不快を感じて、これを排他的に拒否しようとする、そういった体質が存在していないでしょうか。私が今日もう一つ申し上げてみたいのは、そういうものが我々の周囲にあるということだけでなくて、あなたの中にそれがないかということです。

あなたの教会の中に非常に良い意見を言うのだけれど、人々の感情を逆なでするようなことを言うと、そのことのゆえにその人の意見よりもこの人の態度を嫌ってしまい、その人を排斥し、その人を外してしまうという体質があなたの中にないでしょうか。本当にその人の良い事を良いこととして、最後まで弁護する体質があなたにはあるでしょうか。真理を真理として受け止め、どんな人から発言されたものであっても、真実は真実として聖書の言葉なら言葉として受けとめる、そういう心があなたの中には確かにあるでしょうか。もしそうでなかったならば、あなたの福音が問われていると思います。それはもしかしたら、日本教であって、そして、あなたは日本教のキリスト派に属しているだけであって、福音の信者ではないのかもしれないという厳しさを持っている問題であります。

神道とか神社とかと言わなくても、私たちは、日常生活の中に他と違うことをするとすぐに白い眼をむいて、「あれはあんなことをしている」と言い始める。その中に日本の神道が他の教えが個性を立てる時に排他性をむき出しにするという体質、その体質が宗教というものを抜きにして私たちの中に定着しているとするならば、これは恐ろしいことではないでしょうか。

キリスト教を弾圧したのは国家でありますが、しかしその国家と同じ体質を私たちが持っている。これは皆さん、弾圧される側ではなくて、いつか弾圧する側に回るかわからないという体質を自分が今持っているということなんです。これは危険であります。私たちが何をするよりも私たちの信仰そのものが、福音を福音として受け入れられ、信じられるということを本当に真剣に受けとめ、そしてそれが日本教キリスト派とは違うという意味でしっかりと受けとめられていなかったならば、私たちは表面的に、平和ならしむる者というような言葉でごまかされて、大事なものを流してしまうことが起こる危険性があるのです。

私がかつて属していました日本基督教団、それはある教区が日本基督教団の有力な神学校の卒業生でほとんど牧師が90％ほど固められている。他の学校の出身者があと一割弱いるわけですが、そういうところでは、自分たちが何者であるかということを考えなくても、多数は黙って顔を見合わすだけで、うんうんとうなずいて事を運んで行けるというものを持っているんです。こういう時、危険なんです。そこに、キリスト教としてそれでいいのか。例えば、現時点においてキリストを主と告白できないということがあっても、「あいつも同じ学校の出だ」、「あいつも日本基督教団の仲間だ」、「あの教会の出身者だ」、ってなことになりますと、「お前の信仰は信仰ではないじゃないか」ということよりも、あいつを知っていることのために、「まあまあ」ということが優先してしまうのであります。そして、自分たちを結び付けているものが信仰でないということに、自分たちが圧倒的多数であるために気が付かない、こういうのが恐ろしいんですよ。そういうところでは、信仰告白というものは一片の紙切れになってしまう。

最後のことを申し上げて終わりたいと思います。私はこの十日余りの間、二人の有力な講演者から、一つのことを聞かされました。それは、ドイツの大統領ヴァイツゼッカーという方のことであります。この人は、ドイツが降伏いたしました一九四五年五月八日を意識し、その四十年目の一九八五年五月八日に歴史的な演説をいたしました。「四十年を経て」という題なのですが、「荒野の四十年」という題で一般の目に触れているのではないでしょうか。その中で、こういうことを言っている。

「この過去を清算することが大切なのではありません。ドイツの過去とは何でしょう。ナチス・ドイツを放置しておいたため、ドイツがドイツを蹂躙してナチス・ドイツが暴虐を振るった。消し難い過去を持ってしまった。ユダヤ人だけで六百万人をガス室で殺して焼いてしまった。一口に六百万と言いますが恐ろしいことです。その過去を清算することが大切なのではありません。それは我々には不可能です。過去を後から変更したり、なかったことにすることはできないのです。しかし、過去に対しても閉じるものは、現在に対しても目を閉じるのであります。かつての非人間的なことを思い出したくないとするものは、新しく起こる罪の伝染力に負けてしまう者なのです」。

私はこれは他山の石として聞かなければならないと思うのです。私たちは今日六月二六日を記念しています。五十年目の記念をしています。私は母の手に引かれている二歳半の子どもでした。父や母たちが教会を失った中でなめた辛酸を私たちは知りません。しかし、これを私たちは忘れてはならない。語り継がなければならない。風化させてはならない。恐らくこのことを始めとして、私たちが忘れてはならない過去のものとして流し去ってはならないものがたくさんあるはずです。ドイツは敗戦の日を忘れません。しかし、私たちは八月十五日を忘れよう、すり替えよう、別のものにしてしまおう、そういう空気の中に今生かされているのではないでしょうか。慰霊の日になっています。それも大事です。しかし、なぜ八月十五日がなければならなかったのかということの過去を、靖国神社の栄光の中に飾っておくだけでいいのでしょうか。私たちが忘れてはならないものがあるはずです。

今日、私たちは忘れてはならないことを記念しています。どうか、若い方々、私より若い方々、このことを継いでください。ご自分で文献を読んでください。そして、体験談を聞いてください。見てください。そのことの意味を、味わい直してください。そして、私たちの子どもたちに、そしてその子どもたちにこのことは忘れてはならないこととして記憶され、そして神さまがなぜこのことを我々に起こしたもうたかということを、今日の信仰生活の中で思い起こし、私たちの信仰の襟、福音信仰の襟を正して、主に喜ばれる生きた聖なる供え物としての自分をささげるということが、常に新しくされていかなければならないことなのであります。

お祈りをいたします。

天の父なる神さま、拙いものでありましたけれども、ぜひ、後の世代にこの出来事を忘れてはならないこととして、継承してほしい、そのような意味を込めて、多くの先輩の前で口はばったいことを申しました。しかし主よ、どうかこの集会の意義が遂げられて、この出来事について関心を持ち、この出来事の中に意義を見い出そうとする若い人たちを、多く、後続の者として起こしてくださるようにお願いをいたします。あなたの恵みによって、教会は復興し、その数を増し進んでいますが、主よ、どうかこの弾圧の前に拝したかの日のリバイバルの栄光を、この新しき時代にもう一度、御霊の命を吹き込んでくださってお与えくださるようにお願い申し上げます。主イエス・キリストのみ名によってお祈りいたします。アーメン。

（弾圧50周年記念聖化大会・講演会講演　一九九二・六・二八　ウェスレアン・ホーリネス教会連合　副委員長）

聖会立証

この善良なる被告よ

小笠原黎子

お嬢様、お嬢様と言われて育った私も、もう七六歳でございます。今年九月には初めておばあちゃんになることができまして感謝しております。

このたびの聖会で証しの依頼を受けたのですが、正直、戸惑いました。こんな小さい者がと思ったのです。しかし、その時、「主の用なり！」という御言葉をいただきまして、従わせていただくことができ、本日、皆様の前に喜びと感謝をもって出させていただいております。

もう古い古いお話で、私が十歳の時ですから、六六年前です。私は父森 五郎が上海日本人教会で牧師をしておりましたので、一緒に上海に行きました。一九四〇年に行きまして、一九四二年六月二六日のこの弾圧の日を迎えます。しかし、その時、弾圧のことは何も知りませんでした。父も知りませんでした。日本で二六日に一斉検挙があったため、東京におりました一番上の姉、谷中 栄から「父変わり無きや」という電報が来たのです。母は「変わり無し」と返電いたしました。

五日たった七月一日でした。上海にも当時の軍閥、政府の弾圧の手が伸びまして、即座に検挙されました。そして、それから七日目に日本に護送されました。その間、いろいろ取調べがあったのですが、結局、日本に護送されて、日本の警視庁に十カ月、そして巣鴨の拘置所に十カ月と、計二十カ月の拘留生活を送りました。厳しい取調べがあったようです。当時は食糧事情が悪うございましたから、本当に大変だったと思うのです。刑務所の食事は、今は良いと思いますが、戦争中のあの頃、私たちも大変な時代ですから、刑務所はもっと貧しい食事だったと思うのです。毎日、毎日ですよ、皆さん。一日ではなくて、毎日同じご飯、同じ塩昆布という生活だったようです。

どうして検挙されたのか、治安維持法違反嫌擬の検挙令状があったのです。ちょっと難しくて意味はわからないのですが、要するにホーリネス信仰はいけないということなのです。私たちの信仰、ホーリネスの信仰は、神は唯一、ただお一人。天皇は人間であって神ではありません。神さまが立てた器、神さまが立てた王である天皇との考え方でした。そういう信仰でしたから、その時の特高の方たちは、「日本人は日本の神である天皇を拝めば良い。何もキリストを拝む必要はない」と言われたそうです。そして「イスラエルのためにも祈ってはいけない」とも。当時の東条内閣は軍閥内閣でしたので、非常に厳しいようでございました。

ただ上海の方は最初のうちは割合緩かったようです。日本では検挙の後では、一切集会をしてはいけないと言われ、閉鎖されたのですが、上海では礼拝だけは守ることができました。急に父が居なくなるということは私にとってそんなに不思議なことではなかったのです。しょっちゅう日本に行っては方々巡回しながら御用をしてたようでしたので、一カ月くらい留守の時もありました。ですから、あまり気にしていなかったのですが、何か様子がおかしい。子ども心にも、信者さんたちもこそこそと来まして、そして母とこそこそと話をして、小さい声でお祈りしているのです。そういうのを見ていて、普段とは違うなと思っておりました。私が小さかったために知らされなかったのです。

日本では一〇四、五名の牧師先生たち、中には教会の中心であった信徒の方たちも取り調べを受けたということでございますが、本当に厳しい取り調べだったようですね。残念なことに、獄中でお召されになった五名の牧師様がいらしゃいました。布みたいな物に巻かれて、ぽっと、外に放り出されていたそうです。そして、「もってけ!!」と、こんな状態ですね。本当に人間として扱わないで、それこそ、恐ろしい時代だったのです。そのような犠牲が払われ、その大きな犠牲の中で、生き残った先生たちも、聖書や聖歌など、大切な書物も全部焼かれてしまい、拘束されて、拷問にあって、そして、苦しい戦いを通られました。ご家族の方もどんなにか大変だったと思います。痛みを覚え、悲しみを覚え、お過ごしになったことでしょう。

けれども、そういう中にあっても、詩篇一一九篇71節には、「苦しみに会ったことは、私にとってしあわせでした。私はそれであなたのおきてを学びました」とあります。このお言葉を実践されたのです。本当に苦しい戦いの中から、喜びと感謝を持って、神の言葉はつながれない。自分はどんなに拘束されても、天からの神の声は、誰も拘束することはできない。牧師様たちは信じて戦い抜かれました。

私はその時は知りませんでしたが、ある時、夢を見たのです。牧師館の玄関に電話があったのですが、電話が鳴ったままでしたので、私が出まして、「もしもし」と言うと、「お父様だよ」と。父の久しぶりの声を聴いたんです。そして、「大丈夫だから、安心しなさい、神さまが一緒についてくださるから大丈夫だよ。お父様も大丈夫だから。お前たちもね、神様が守ってくれるから」という言葉を残して、ぱっと、消えたのです。姿も消え、電話も切れました。その時の姿は、今思うと、何だかわからないのですが、汚い、青っぽい、洋服だか、着物だかわからないようなものを着て、頭に編み笠みたいな物をすぽっと被っていました。

次の朝、その夢のことを母に言いましたら、母は「神様がそれを教えたんだよ。実はこういうことで、今、大変な中を先生方が通ってらっしゃる。お父様もそうだから、お祈りしていきましょう」。

私は、そんなことは全く知らないで、上海は国際都市ですから結構楽しかったんです。そして、それまでわがままを言ってたことを悔い改めて、母と一緒に父のために祈りました。

父は警視庁で十カ月、それから巣鴨の刑務所で十カ月。二十カ月の刑を受けたのです。その時に父は申しておりました。「独房で、何にもない、上の方に少し陽が当たって来るだけで、本当に外部から遮断された所だったけれども、神さまとの交わりは、どんなものを持っても遮断されることはなかった」。神の言葉はつながれてはいないのです。もちろん無言です。無言で神様と交わって、深い交わりを持ち、御言葉もたくさん覚えておりましたよね、牧師ですから。その聖句の暗唱によって養われ、そしてすばらし恵みをいっぱいいただいておりました。そして、言ってたことで、忘れられないのは、聖歌に「御顔を見ぬとき」（279番　新聖歌207番）の賛美がありますが、その中で、「よし身は獄屋にありともなにかは　宮殿の中行く　安きにあるべし」という部分がありますね、「本当にそれを味わった」と言っておりました。

父への嫌疑はたくさんありました。国の政策に合わない信仰を持っていることと、それから、上海教会は大きな教会で、地下室がいっぱいあったのですが、ある時、日本の領事館の人が来まして、「ロシアから逃げてきた白系ユダヤ人、三家族か、四家族かいるから、その人の面倒を見てほしい。私たちはどうする事もできないから、教会でよろしく頼む」と言われ、その人たちのお世話をしたのです。私も一緒に遊びました。言葉がわからなくても子ども同士で結構遊びました。それもひっかかったのです。日本の政府は、「お前はユダヤ人をかくまっていたじゃないか」と。その罪を問われたのです。そしてもう一つは、地下室に無線を置いて、アメリカと無線で交流し、色々な情報をやり取りしていると、スパイ嫌疑をかけられました。ですから父の処遇はいっそう厳しかったようです。でも、そういう中にあっても父は本当に、今も読みました御言葉通りに、「苦しみに会ったことは私にとってしあわせでした。私はそれであなたのおきてを学びました」と言えたのです。普通では学べないすばらしい学びを獄中で直接神さまから学ばせていただいたのです。

いろいろ拷問も受けたようです。面白いことに、拷問の中の一つに、今はあまり聞きませんが、シラミとかノミ。とてもかゆいのです。お年をめした方はわかると思うのですが、それを責め道具に使ったそうです。絶対にはらってはいけないのです。監視がいない時にさっとはらって殺したと聞いておりますが、いろいろな手をもって拷問をしたようです。私の父は非常に身体が弱かったので、特高の方が栄養不足になるといけないから、昼食を作って持って来なさいと姉に言ったそうです。姉は、食糧事情の悪い中、お祈りをして与えられた、栄養の高い食事を毎日作って運びました。それで父はだいぶ守られたのですが、ある時突然「もう持って来なくて良い！ここに来なくて良い！」と言われたのです。おそらく、これも一つの拷問だったと思うのです。その後も非常につらいところを通ったようです。父は言いませんでしたが、しかし、イエス様との直結した信仰で耐え抜くことができたと思います。私はよく言われました。ずっと後でですが、「黎子、聖書の御言葉は聞いたら、なるべく暗唱できるように、自分のものにしておきなさい。いつまた、こういうことが起きるかわからないから。全部から遮断された時に、神様の御言葉は生きて働くから、暗唱を心がけなさい」と言われました。これが父を支えたからでしょう。

その父が裁判の際、裁判長からこう言われたそうです。「この善良なる被告よ」。面白いですよね。「これは、おかみの命令だから従ってほしい」と言われ、刑に服したわけです。普通は取り調べを受けると、出てくる人は、他の罪もいっぱいで出てきますよね。ところが父は埃ひとつ出てこなかった。出てきたのはキリストに対する愛と、人々に対する愛、それしか出てこなかったのです。容赦なく取り調べ、責める特高方たちをも愛して、祈っていたようです。そして、祈りに答えてくださって、終戦になって何人か、私が知ってるだけで数人いますが、特高の警官たちが教会の門を叩いて、イエス様を受け入れ、もうその方たちも皆、お召されになりましたけども、良い信仰を持ってその後の生涯を送られました。そういう、生きた証しがそこにあったのです。そのゆえに、この弾圧の日を毎年迎えております私は、直接弾圧に遭ってなくても、自分のことのように、いつまた世界の情勢が変わって、日本の政策も変わって、私たちがまた捕らえられることがあっても、「私は神様にどこまでも従って行きます」との信仰をいただいたことを感謝しております。

一九四四年二月、父はたった二十円の保釈金で釈放されまして、姉の家にいました。姉の家はオアシスのようだったと言っておりました。そして、私たち家族は、母と祖母と姉と私。兄は予科練、特攻隊に入っていなかったですから、この四人で上海から帰ってきました。本当に大変でしたけれども、もう奇跡の連続で無事に帰国することができました。東京駅から電車に乗って姉の家がある立川に到着しました。父は迎えに出られないと聞いておりました。戦争中ですから、ホームは暗かったのですが、その暗いホームの向こうから、ひとりの人がとぼとぼと私に近づいて来るのです。黒い防空頭巾をかぶり、黒いマスクをして、よれよれの洋服を着、ちょっと下を見たら、布の靴の上の方が破れているのです。そこまではっきり見えた時、近づいてきて、突然私の荷物を、ぱぁっと取ったんですよ。取って行っちゃたんです。それで私はびっくりして、「おかあさま、泥棒よ！」と叫んでしまったのですね。でも、それはすっかり変わった、久しぶりに再会した父の姿でした。父が無言だったのは、私が小さいのに大きなリュックを背負って、いっぱいの荷物を両手に持ってますでしょ、だからかわいそうで、早く軽くしてあげたいと思って、言う間もなく取上げたらしいのです。だからこっちはびっくりしてしまったんですけれども。三年ぶりに会えたのですから、父とわかって私は本当にうれしかったです。いつも背広姿でピシッとしていた父が、こんな姿になってる。でもこれはイエス様のためなのだと、まだ子どもでしたけど分かりまして、感謝いたしました。

今日私は、父のことをお話ししていますが、父だけではございません。父よりも、もっと苦しい所を通られた牧師先生がいっぱいいらしゃいます。獄死なさった方もいらっしゃれば、釈放されてから、病死なさった先生方もいらしゃいます。多くの犠牲が払われました。けれども、そこですばらしい祝福をいただいたのです。終戦になったら、すぐ告訴が却下され、弾圧事件などなかったかのような顔していました。父はマッカーサー元帥に呼ばれたのです。「来てください。あなたたちの遭った迫害でだいぶ亡くなった者もあるでしょう。損害賠償するから、全部調書を持って来なさい」と言われたそうです。父は一応調べて持っていったのですが、父は、「調書は持って来ましたが、損害賠償は要求いたしません。それよりもっとすばらしい恵みを神様からいただいて、今はこうして、敗戦という愛のむちをいただいたけれど、こうして喜びをもって伝道ができるようになりました。こんな幸いなことはありません。他の牧師たちも皆同じです。要求はいたしません」。マッカーサー元帥はびっくりなさったようです。感激したんです。父はその喜びをもって終戦と同時に神田教会に行って伝道を始めました。するともう小リバイバルです。たくさんの人が救われて洗礼を受けました。そのように神様は大きな犠牲の中に、すばらしい祝福をこの日本のキリスト教会に与えてくださっていることを本当に感謝いたしております。

このことは、風化させてはいけません。本当にそうだと思います。私たちがこうして恵まれてイエス様を心から賛美し、喜びをもって、毎日イエス様を待ち望むことができるのは、戦争中の迫害を通られた先生方が戦い抜いたその信仰を神様がよみしてくださっているからに他なりません。

言い忘れていましたが、父とマッカーサー元帥との会話が、ある程度公になったようです。日本では隠されていましたが、アメリカで公になっていたのです。戦後、クリスチャン女性で高良とみという国会議員がおられ、その方がアメリカへ行って、「昭和の受難史」というテーマで講演をした際、父の発言が話題になったと後で聞きました。

これらの陰には先生方の大いなる従いと十字架によるイエス様の恵み、イエス様の十字架を負うことのできた喜び、ほとんど皆さんは天国にお帰りになりましたけど、残された私たち、こうした信仰の遺産を受け継いでいる私たち、このすばらしい信仰を共有財産として、受けとめ、それを後世、次の世代の方たちにも伝えていかなければならないのです。だからこそ、この弾圧は真摯に受け止めなければいけないのだなと思い、私自身、恐れおののいております。

今日、こうしてお証しできましたことを心から感謝いたしております。ありがとうございました。

（第17回ホーリネス弾圧記念聖会・聖会立証　二〇〇八・六・二二　基督聖協団　練馬教会牧師）

聖会説教

眠りからさめるべき時

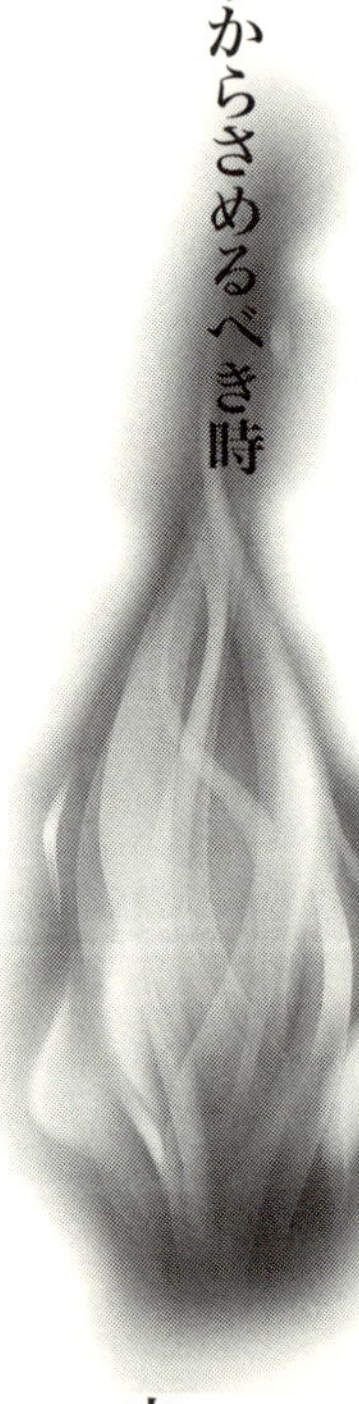

中島　一碩《かずひろ》

「あなたがたは、今がどのような時か知っているのですから、このように行いなさい。あなたがたが眠りからさめるべき時刻がもう来ています。というのは、私たちが信じたころよりも、今は救いが私たちにもっと近づいているからです。夜はふけて、昼が近づきました。ですから、私たちは、やみのわざを打ち捨てて、光の武具を着けようではありませんか。遊興、酩酊、淫乱、好色、争い、ねたみの生活ではなく、昼間らしい、正しい生き方をしようではありませんか。主イエス・キリストを着なさい。肉の欲のために心を用いてはいけません」（ローマ人への手紙一三・11～14　新改訳）

主の御名を賛美いたします。ご紹介いただきました愛知県一宮で、奉仕をさせていただいております、兄弟団の中島でございます。神様は間違ったことをなさらないお方ですが、神様と人との間で、時々食い違いが起きることがあります。この年の弾圧記念聖会、なぜ私なのだろうかと思いながら出てまいりました。今、ご紹介をいただきましたが、ああ、やはり神様かな、私じゃない。神様は人の間違いをも、働かせて益となさるお方なのだから、まあ良いかと思って立たせていただいております。

ただ一つ、私の父が弾圧の時、末席に加わわらせていただいたということだけは確かでありますが、ただ、その時は本当に幼い、赤ちゃんとは言わないにしても、幼児であり、詳しいことはわかりませんでした。しかし、やかましい父がある日いなくなり、その後、しばらくすると、多くの人たちが集まって、何かわいわいやりながら、帰っていく時には、部屋の中にあったオルガンがなくなり、講壇がなくなり、教会の一切合切がなくなり、部屋が広々とした。そこで、子どもですから、喜んではしゃいで走り回っておりましたら、母が涙を流しながら「静かにしなさい」と言いまして、何が起きたのだろうかと思ったこと、それから、しばらくして、私のすぐ下の妹が召されたのですが、その時に父が、見慣れない、普通、教会に来ないであろう顔とかっこうをした男二人に挟まれて、しかも、普通ならば前の方に行く父が、一番後ろに立っている、どうしたのだろうかなと、その二つだけは覚えているのです。競売で教会の物が売られていく、その時のことと、そして、妹が召されて、その葬儀に父が見知らぬ男に挟まれて、その葬儀に列席している、その姿だけを覚えていまして、他のことは何にもわからないのです。

敗戦になり、自由が与えられた父は、すぐに独立教会ベタニヤホームという看板を出し、開拓をしました。しばらくは弾圧について口を閉ざしておりましたが、追々と語るようになっていきました。それを聞きながら、私には、そのようなことがあったのか、あの時なのか、という程度でありましたが、でもそれは、父にとって忘れることのできない、ある時は恵みの経験でありましょうし、ある時は辛い経験でありました。家族の恥をここに全部出してしまおうと思うのですが、私はよくいろいろなことで逆らったのです。もちろん信仰がなかったからですが、本当に貧しい家庭でしたので、お小遣いをもらえない。ある時、「お父さん、お小遣いがほしいんだけれど」と聞くと、即座に「ない！」って言うんですね。そこで、私は、「でも、いつも神様は生きていて、祈れば答えられるって言うじゃん。祈って乗せてよ」って手を出した。その時、父は黙って悲しそうな顔をして部屋を出て行ってしまいましたけれど、辛かったのだと思います。そんなによく逆らった者ですから、ある時母に、「一碩、ちょっと来なさい」と呼ばれまして、「お父さんがああいうふうに、元気で教会の奉仕ができる。その事だけで感謝しなければいけません」と、言われました。

その時はわからなかったのですが、確かに廃人同様でした。短い投獄生活ではあったものの、呼び出されて、連れ戻しに行った時は、命はあっても廃人のようになって出てきたのです。八二歳で召されたのですが、召されるまでその痛みを残していたようでした。召される前の半年ほどは、多少認知症が見られるようになったのですが、自分の部屋から道行く人をながめている時でも、男性二人が歩いているのには非常に敏感でした。召される直前にも、「一碩、見てこい、変な人が歩いているよ」と、おそらく、その当時のことがオーバーラップしていたんじゃないかと思うのです。時には妙なことも言いました。ですから、母が言うように、講壇に立って福音を福音として語る。「それだけで感謝なことなのに、何をあなたがたは言うんだ」と、母がよく叱ったのは、当然だったと思います。

父は、様々な痛みを経験したようです。ある時は、机の上にあったそろばんでバーンと殴られて玉が散ってしまったとか。気を失うまで、三十いくつまで数えたと言いましたけど、げんこつで殴られたそうです。とうとう数えることができなく、気がついたら、また部屋の中に運ばれていたと言っておりました。

他の先生方からは、このようなお話をお聞きしたことがないので、父はよほど応対がまずかったのかな、もう少し賢くやれば痛い目にあわずにすんだのかなと思ったり。比較的、私も性格が似ていて、ストレートに物を言うタイプですから、きっと特高のどっかに障ったんだと思うのです。そして、痛めつけられた。そして、出て来る時には、廃人のように出されたのでしょう。ある時、母が差し入れに行ったおり、帰り際に言われたそうです。「中島、お前の夫に何か伝えることはないか」。その時に母は、「『命を落とすことがあっても、信仰を落とすことのないように』と伝えてほしい」と言ったそうです。特高は父に、「おい！　お前の妻は偉いこと言って帰ったぞ。がんばらないかんぞ」と言って励ましてくれたと、父が言ってもおりました。苦しい所を通ったのでしょう。今はそんなこと言いませんが、その当時、学生の私は思ったのです。やめときゃいいのに、またこれ持ちだして、これで痛めつけられて、そして廃人のようにされて、出されたんだから、やめとけばいいのにって。

また、戦後すぐのことです。住んでいる場所のまわり全部、中島航空という飛行機会社があったものですから、一宮地方はほとんど焼野原になりました。けれども、なぜか教会のあった借家の所だけ、一角残ったんです。自然、そこにたくさんの人たちが住まいを求めて、「中島さん、お世話になる」と言って入っておりました。誰に頼まれたわけでもないのですが、条件があったのかどうかわかりませんけれども受け入れました。父はその人たちを集めて聖書研究会を始め、それが独立教会ベタニヤホームでした。数年やっておりましたけれど、そんなことでは生活もできません。子どもたちが、いろいろ物を持って行って、農村から芋を分けていただき、母がそれをゆでて、私と姉と父と三人が名古屋駅前で、そのふかし芋を売るという生活がしばらく続きました。それでも大変なので、職を求めながら、そして、夜は集会をしていました。十三年半、父は郵便局に奉職しながら開拓伝道をし、兄弟団が発足する時に、先生方に声をかけていただき、キリスト兄弟団の建て上げに加わることになりました。けれども、その当時の先生方ですから、「中島、二足のわらじをはくのは、なんの、かんの……」という声を聞くのがいやで、つらくて、しばらくそうした交わりをほとんど避けながら、でも父は、この福音を証したい、教会を立て上げていきたいと願いながら、昼間働き、夕方戻り、そして、夜は路傍に、家庭集会にと十三年間伝道しました。信徒の方がしだいに増え、皆さんから会堂を建てたいとの声があがり、土地を買い、郵便局を辞めて、退職金で会堂を建てるのです。

そういう中で父は、弾圧の時の経験の痛みを召されるまで、もちろんあるものは、福音によっていやされていたとはいえ、経験としてそういう痛みを残していたなと思っておりました。その父は、「この自由な時に何でもお前たちは言うけれども、時が来て、それだけのことを本当に言っていくことができるだろうか、どれだけの者が残るだろうか。今、こうして、教会に集まってはいるけれども、ことが起きた時、どれだけの者が残るだろうか」と、しばしば語っておりました。

非常に貧しい中で育った私は、とにかく貧乏が嫌で、金持ちになりたくて、小銭を稼ぎ、株を買ったり、そういうことばかりして、私は親に逆らっているつもりだったんですけど、結局、神様に逆らって学生時代を過ごしました。結果、ノイローゼになりました。しかし、いろいろな所を通される中で、聖書を通読していたものですから、信じてなくとも、聖書を読む癖だけはついておりました。人と顔を合わせる事ができない、夜しか部屋から出ることができない、暗い生活をして、学生時代を過ごしておりましたが、ある時、主が御言葉を通して、臨んでくださって、イエス様を信じる信仰に導かれました。その時初めて、あの弾圧という戦いを、辛い中を通されても、父が戦後まず始めたのは、聖書を持ち出して、そして、これを語り始めたことが理解できました。

父の机の上には必ず聖書がありました。当然です。もう一つあった同じような本が、注解書？いえ、父は聖書一巻でした。では何でしょう。六法全書です。父が、「一碩、ちょっと来い」と言い出す時は、聖書を持ち出すか、六法全書を持ち出す時なのです。お前たちは法律を知らない。日本は法治国家だ、そのように言っていました。父は必ずその二つ。私は、そういうものかなと思いながら、来たわけですが、ある立場の人は、片手に聖典、片手に剣。そういうこと聞きますよね？父は片手に聖書、片手に六法全書でした。私はそりゃいかんなと思って、時々教会で言うのですが、私たちは片手に聖書、完全な利き手に持てよ。じゃ片手に何を持つか、この世の流れを見よ、ニュースを、新聞でも良いし、とにかくこの世がどのようになっているのかを見ずして、聖書を持ったところで、それは空しい信仰生活です。すなわち、事が起きた時、散らされてしまった弟子たちでないけれど、何にもない時は、ハレルヤ、アーメン、感謝だ、勝利だ、信仰だっていけるのですが、何か起きて来る時に、果たしてそのような信仰の戦いをすることができるのだろうかと思って、私は社会の動きに敏感であれと、折に触れ語るのです。私たちは霊的には神の国におりますが、現実にはこの社会に生きているのです。この社会が、今どのような現実にあるかということを無視して、いざという時、信仰の戦いを勝利できるでしょうか。聖書はそのことを少し言葉を変えて、「目を覚ましていなさい」と言っているのです。

この「目を覚ましていなさい」を私流に言うならば、「この世の出来事に敏感であれ」です。今、社会はどのような現実の中にあるのか、そして、その現実に対し、御言葉は何を語っているのかを無視して、信仰生活、教会生活、救いはありません。私たちは救われたクリスチャン。でも、即、天国に移されるのではないんです。この身はこの世に生きている。この世で生かされているんです。この身はこの世で何を生きるんですか。キリストにあって、キリストを生きるんです。主の証し人として、主がどういうお方であるかを表して生きるんです。

「目を覚ましていなさい」、眠りから覚めるということでもありますが、「眠り」にはいろいろ意味があると思います。最低三つあるでしょう。

まずメッセージ中によく居眠りをしますが、まぶたがひっついて眠る眠りです。それから長く眠る永眠。この肉体が死ぬということです。でも、聖書はもう一つの眠りを言ってるんじゃありませんか。心が霊的に眠ることです。どういうことですか。音がいっしょですから、一つ共通するものがあるのです。なんですか。眠っている人に「アホ」と言っても気づきません。死んだ人に「このバカ」と言ったところで何も言いません。霊的に眠っている人も感動がない。何をやっても、ぼーとしてるというのでしょうか、気づかないっていうんでしょうか。身体は起きてるけれども、心は眠っている。だから今の時代がどのような時代なのか、何が起きているのか、わからないで過ごしてしまう。

肉体は生きておりますから、教会生活はしています。無目的、惰性、感動なし、甲斐性なし、何となく関わってしまったから、今抜けるわけにはいくまい、といった程度で、信仰生活、教会生活をしてる人はいないでしょうか。そのような人は寝てるんですから、事が起きた時には、もう駄目です。だから「目を覚ましなさい」なのです。目を覚ましなさい。

今、年金、年金と盛んに言われています。来月十一日は参議院議員選挙です。年金選挙だとか何とか言ってますが、本当ですか。いいえ、隠されてるものがありましょう。憲法の改憲です。うかうかしていられませんよ。そういう時代のただ中に私たちはいるのです。六二年前と同じです。心しませんと、そうなってから信仰が急に得られるものではありません。今から養われていくべきものです。今、私たちは片手に確かに聖書を持っているのですが、片手に持つべきものを持って、敏感になっておりませんと、にわかに来た時、いや、にわかではないのです。あの時もそうだった。教会は気づかなかったのです。一挙にやられた時に、何が起きたかわからなかった。

母も警察によく言ったそうです。「『私たちは何をしたというのか。平和を祈り、日本の繁栄を祈り、人々の救いを祈ってきてるのに、私たちが何をしたと言うんか』と、食ってかかったよ」と。しかし、そんなことを言ってみても遅い。今、私たちは、憲法が変えられてしまうかもしれないというこの危機的な現実の中にあって、それをストップする働きをしていかなければならないでしょう。それに対して、目をつむりながら教会生活をしていても何もならない。事が起きれば、あの時のように、指導者は捕らえられ、教会は解散。彼らにしてみれば、そんなことは何でもないことなのです。そこまで、着々と事を進めていっていますから。ですから今、私たちは本当に、そのための祈り、この国に遣わされている神の民として、この国にあってしなければならない責任を果たしながら、神の証しを立てていくことが大切ではないでしょうか。

一九六〇年安保の学生運動で赤旗を振っておりましたから、もう一度やろうかなあと、思わないでもないのですが。それをやろうということじゃないんですよ。じゃ何をしましょうか。メッセージに入っていきたいと思います。一言お祈りいたします。

憐れみ深い天の父なる神さま、この年、第十三回目のホーリネス弾圧記念聖会に、その時から六二年目を迎えておりますこの時、このように、月足らずのなきに等しい者ですが、親が弾圧を通されていたということのゆえでしょうか。ここに立って物を言うようにと、主が、委員の先生方に思いをお与えくださって、引き出されてまいりました。今、自分自身が通されてきたことの思いを証しさせていただきました。さらに主よ、あなたが何を語ってくださるか、あなたのお言葉を聴きたく願います。どうぞ私たちを目覚めさせてくださって、目覚めた者にふさわしい、信仰生活、教会生活を営むものであらしめてくださいますように、よろしくお願いいたします。聖霊様が御言葉を開いてくださいますように。尊い主の御名によってお祈りいたします。アーメン。

主は時をも創造されました。以来、今日に至るまで、主は時を支配なさっておられます。そして、すべてのことに時が関わるのです。聖書は「笑うにも時がある、泣くにも時がある」と言っています。私は尾張弁しか使えませんし、聞き分けられせん。ですから英語の講演やメッセージを聞く時は、ちょっと恥ずかしいのです。皆さんが、わぁと笑っても笑えないんです。通訳者が通訳した後に笑う。わかりますでしょう。笑う時に笑えないということはちょっと辛いですよ。すべてに時がある。聖書はそう言うのです。神様はその時にかなって麗しいことをなしてくださる。定めの時が来たから、主はひとり子を遣わしたと、聖書は言います。そして主は、「時が来ました。いつまで、寝てるんですか、立ちなさい。行きましょう」と言ってゲツセマネの園を後にされました。すべて時、私の時はまだ来てない。聖書はすべて「時」という言葉で導かれてきております。読んでいただきました。ローマ人の手紙一三章、「今がどのような時であるかを知っているのですから」。知ってますか。「あなたがたは今がどのような時であるか知っていますから」。本当にそのことを知っている聖徒たちはどれ程いるのでしょうか。ですから、どういう時であるかを真に知っているならば、このように行いなさいということを確かに踏まえた、信仰生活、教会生活、そして聖徒の交わりが、築き上げられていくのでありましょう。けれども、知っているはずの時、でも現実を正しく知っていない、受け止めていないゆえに、このようにしなさいということがなされていないゆえに、教会の中に様々な問題が起きて来る。お互いの交わりの中にも、そして群れと群れの交わりの中にも。時々、こうした聖書を読みつつ、まあ、いろいろな会合に出てみたり、いろいろな交わりをして見るのですが、やっぱり、わかっていないよなって。人じゃない、お前はどうか？私も時々、わかっていないんだなぁと、思わざるを得ないんですが。すいません。

いかがでしょうか。私はどれほどに時を知り、それに目覚めた歩みをしているだろうか。聖書は目を覚ますように、眠りから覚めるように、そのような時なのだよと語り続けて来るのです。そして、今日のテキストも、まさにそのようで、「時が来ました。だから眠っていないで、目を覚ましなさい」と。起きているんですけども、聖書は、あなたがたは、起きてはいないよ。起きているのは、肉の目だけだよ、身体だけだよ、魂は寝てるよ。鈍感だよ。気づいていないよ。今がどういう時か、あなたがたは気づいていないから、平気であの群れはどうで、この群れはどうで、私はどうで、あの人はどうでと、いわゆる、分裂、分派、とまでは大げさで言えないかもしれませんけが、それに等しい、主の聖徒にふさわしくない、歩み、交わりがなされているんじゃないかと、聖書は、重ね重ね私たちに語りかけてるんじゃないでしょうか。

つい先ごろ、日本の各地で上映された「パッション」という、イエス様の最後の十二時間を描いていた映画を、私も見まして、私たちの教会で最高六回見た者もおります。いろいろな人を連れてですが、そして、帰ってきては聖書を開いて勉強し、個人伝道をしておりました。ほとんどの人が見てくれました。私はあの映画を見て、あれがあの時代の十字架刑、聖書と時代背景がマッチした描写であるとするならば、私はいささか違ってたと思いました。鞭が当たらない所はありましたか。イエス様の身体の全部に鞭が当たっていたと言うですね。あの惨さ、もてあそぶように鞭を打っていて、見ていて「もう止めろ！」と、言いそうになるような感情でした。そこまでイエス様は打たれたのだと。そのことに対して、私たちはどのように受け止めているのでしょうか。そのイエス様が、時を知り、眠っていないで目を覚ました、信仰生活、主にある聖徒の交わりを進めるようにと語っておられるのではありませんか。

でも、私たちは結構、映画は映画でしょうし、御言葉は、御言葉でしょうし、お互いの交わりと、お互いの教会生活、信仰生活は、やっぱり現実なのです。私の父は三十幾つまで殴られるのを数えたけど、後はわからなくなって、気がついたら独房の中だった。それを語っていた父は、いつもイエス様の十字架と結びつけておりました。このようなことで主の愛に応えさせていただけるならばと思って、耐えさせたのかもしれませんが、ついには廃人のようになって出されてしまいました。ところが、敗戦と同時に、よくやったと思いますが、すぐに聖書を取り出して、また、十字架を語りだした。彼のメッセージは非常に単純でした。どの集会も、どの集会も、十字架だけを語っておりました。

私たちはあまりにも平和ぼけしてしまって、語るべきことがわからなくなってしまっています。何のために戦っていかなければならないのでしょうか。どうでもいいようなことに目くじら立てつつ、時を過ごしている。あのイエス様の十字架の愛を、痛みを、身に感じ、それを証しする者でありたい。そこにこそ救いがあり、そこにこそすべてがあるということに気づいて、奉仕をしてるだろうかと、私自身思わされているのです。

この五八年間、すべての分野において、平和ぼけし、平和の大切さがどこかに飛んでいってしまっている。そして、愚かなことに、憲法を変えようなどとの国家主義が頭をもたげて来る現実。その中で私たちは、あの主の十字架を忘れてはなりません。そこにこそ平和があり、そこにこそ、真の救いがあるということを忘れてならない。

読んでいただきました、一三章13節「遊興、酩酊、好色、淫乱、争い」、これらについては、ここで今日私が触れる事ではないでしょう。しかし、字面ではなく、内容、ニュアンスから、具体的なことは書かれていないかもしれないが、平和ぼけしてしまった社会が、これらに染まり、侵されてしまった人たちを作り出している。そうやって、心痛め、人生を破壊してしまって救いを求めて教会に来る人に対し、どれだけ教会がこの十字架をもって応えているか、ここに解決があり、ここに新しい命があり、ここに新しい生き方あるということを証ししているか。ただの話に終わってはいないだろうか。

今になってそう思いながら、「一碩ちょっと来い、お前のメッセージは」と、しょっちゅうやられましたけれども、厄介だな、うるさいなあと、思ってたんですが、父の戦後の歩みや、死を思い返しつつ、飽きもせず、懲りもせず、そして解放されてすぐ始めた、すなわち、父をそこに押し出して行ったのは主の十字架なのです。自分がどのように福音によって変えられ、福音によって神を恐れて歩いているだろうか。それはどういう事でしょう。14節、「主イエスを着なさい。肉の欲のために心を用いてはいけません」。主イエス・キリストで、自分の恥ずべきところを隠していただきなさい。包んでいただきなさい。着なさい。私たちはどれ程に、日々の歩みの中にあって、キリストを身に着けているでしょうか。他の所を見ますと、「闇の業を脱ぎ捨てて、キリストを身につけなさい」とあります。

皆さん、今、背広の下にパジャマを着ていますか。夜着ていたものは脱いで、そして、昼の生活のために身を整えるよう、聖書は私たちに、夜のものは脱ぎ捨てなさい。そして、昼なのだから、昼歩くようにキリストを身に着け、目を覚まして、歩きなさい、生活しなさいと、語りかけています。果たして私たちは本当に、闇の業、夜着ていたものを脱いだでしょうか。福音によって、自分自身がどこまで新しくされたか、生活習慣が、価値観が、時間の使い方が、財の用い方が、どこまで闇から光へ変わったでしょうか。

教会で牧会していますと、いろいろなことがあります。来年か、再来年、私たちの教会もちょっとした事をやろうと思っているのですが、牧師が「これしよう」と言っても、「アーメン」といかない所に、ややこしさが生まれてくるって言いましょうか。「アーメン」と言ったら、こんな素晴らしい事はないですが、神様の業がどんどん進むはずなんですけども、そうはいきません。すなわち、財布の使い方がまだちょっと薄暗らい面がある。明るくなってない。時間の使い方が、まだ昼の生活になってない、夜の生活が入っていると言って、どんどん歩いてるのではありません。そういうことではなく、本当に主が、この私を愛し、私のために、どういう所を通られたのか。主がそこまでこの私を愛してくださったんだから、その主に私は、どこまでこたえる事ができるのだろうか。あの映画、「パション」を見て、これは私を愛するため、あれは私が受けなきゃならない、「待ってください。私が受けます」と言えないのなら、その愛がわかって、その愛に私は何をもってこたえましょうとならないだろうか。

この聖会を進めるために年九十万円かかるそうです。でも闇の業を捨てて、それに向かって証して行くこの集まりを、より多くの聖徒たちに証ししていく必要を感じておられるのでしょう。超教派の働きと教会のは違うでしょうが、果たして、神様の愛がわかっているのか、それと同時に、今の時がどういう時かわかっているのか。いつまでも、この時が連綿と続くとでも思ってるのか。「ガシャ!!」と、やられちゃたら、どうなるか、おどすわけでも何でもない。もっと私たちは、主の業のために、闇の業ではない、光の働きのために歩むという事が必要なのではないだろうか。

キリストを着なさいとは、どういう意味ですか。後ろから服を見ると、あれ、あの人、誰かにそっくりな服だと人を間違うように、キリストを着る時、後ろから見る人が、「あれ！ キリストだ」と、キリストに間違えられる。果たして、どれだけの聖徒がキリストに間違えられるような、信仰生活をしているだろうか。「え、あれでもクリスチャン」ていう人はいくらでもいるのでしょうが、「あの人、本当にイエス様のようだ」と言われる人は、どれだけいるのでしょうか。私たちは、キリストを着る者となりとうございます。そしてキリストを着て歩くがゆえに、あの人はイエス様のようだ。見違えちゃった。何だ、この人、中島さんか、でも、どこかイエス様のようだと。

どういう面においてでしょうか。私たちはどういう意味において、キリストを着なくていけないんですか。聖書は何て言っていますか。いろいろな所で、いろいろな表現をしますが、例えば、ガラテヤ書を見ましょうか。五章ですが、捨てなければならないもの、脱がなければならない、闇の業とは、当然、ご承知のように、「肉の行いは明白であって、次のようなものです。不品行、汚れ、好色、偶像礼拝、魔術、敵意、争い、そねみ、憤り、党派心、分裂、分派、ねたみ、酩酊、遊興、そういった類のものです」。それは、闇の業、夜の着物、パジャマを脱ぎ捨てなさい。それを何時までも身に着けていてはいけません。もう、起きる時です。目を覚ましたならば、それを脱ぎ捨てなさい。そして、ここでは、御霊の実を語っておりますが、しかし、「御霊の実は、愛、喜び、平安、寛容、親切、善意、誠実、柔和、自制です」と記されております。これはまさに、主ご自身です。キリストを着る、キリストを身に着ける、御霊の実を結ばせていただくという事にほかなりません。

私たちの信仰生活、教会生活の中で、どれ程、主を着る、主を身に着けていく事に心砕いて、飢え渇きを持って、それを求めて歩んでいるでしょうか。十字架がわかっていないのです。すなわち、イエス様が私のために、どういう所をお通りくださったのか、イエス様が私のために何をしてくださったのかが、わかっていないのです。だから、見当違いのものを求めてしまう。もちろん、先にも触れましたとおり、私たちは、すでに、主の民、聖徒とされましたから、今更、そこに記されてある、不品行、汚れ、好色、偶像礼拝、魔術、敵意、争いといったものを、よしとしていないでしょう。心に気づかされれば、それを捨てるでしょう。離れる事もできるでしょう。しかしサタンは巧妙です。私たちの思ってもみない所に、そうした物が残されているということに気づかなければならないのではないか。

私は教会で話すのですが、「きよめ」ということがよく言われ、聖会でも取り扱われる。ですから、その恵みにあずかった時に私はこう言うのです。良かったね。でもね、神様になったんじゃないよ。肉を被っている間は弱さがあるよ。愚かさがあるよ。また、罪の深さがあるよ。それがくせ者であって、私たちは、いつも心して、十字架を仰ぎ、十字架を思い、そして、主をまねる。主を着ていく、主を身に着けていく、という歩みをしない限り、今の恵みは、恵みだけれども、それが、永遠に続くものではない。目を覚ましていなさい。弱さを認識しなさい。今、サタンがどのように働いているかという事に気づいて、目を覚まして、自分の弱さを認め、主の憐れみにすがりなさい。

私たちは目を覚ましているでしょうか。受けた恵みに、あぐらをかいてしまって、恵みが硬直化してしまってはいないだろうか。ゴムでも長く放って置くと、伸びなくなり、パチンと切れてしまいますが、恵みも確かに受けた時は恵みだったんでしょうが、いつしか、恵みがどうにかなってしまってはいないでしょうか。眠ってしまっていないか。目を覚ましなさい。今、この日本は、政治的な面、教育的な面、すべての面において、危機的な状態の中にあるではありませんか。私たちはそういう状態の中にある人に対し、この福音が確かな解決を与え、光を与え、救いをもたらすものなのだと証しをしているだろうか。歯がゆさを覚えませんか。なまぬるさを覚えませんか。主があそこまで痛んでくださった、苦しんでくださった。でも、私は平然としていられる。この時代の中にいながら、この人に十字架を語れば救われるとわかりながら証しできないという、もどかしさを覚えませんか。

私は弾圧、来たらば来たれ、などと言うべきではないと思います。それこそ、父ではありませんが、「お前たちは平和の時だから偉そうなことを言っておる」。でも本当にその時が来た時、そのようなことを言えるかどうか。もっと神の前に憐れみを求める者であれと、父はよく話しましたが、そうだと思うのです。通された者しかわからない痛み、通されたからこそ伝えたメセージであろうと思うのです。もし、アメーン、私はそこを通りますと言うならば、もっと燃えてこの福音のために証しの生活、宣教の業ができるのではないかと思っています。何となくなまぬるく、遊ぶとは言いませんが、真剣さが足らず、このままではいけないよなぁと思いながら、自分自身、年齢と共になまくらになってるなと、何となくこれで良しとしてしまっている。もっと、いつでも、どこでも、誰にでも、この十字架の死を証しし、そしてキリストを身に着けた生活をする。愛において主のごとく、きよきにおいて主のごとく、御言葉を踏み行くに主のごとく。どこまで主は歩まれましたか。死に至るまで、しかも十字架の死に至るまで御父の御心に従われました。その主のごとく。パションに出てきた主のごとく。「来たらば来たれ、試みよ」なんて言えるような者じゃありません。でも避けては通りたくない。来てしまったならば、それを踏み行く者でありたいなと言う、それが主の愛に応える歩みではなかろうかと思います。

よく父が笑って話してましたが、その昔リバイバル当時、やはりそう言って祈ってた若い先生がいたそうです。「サタンよ、来たらば来たれ!! 主によって勝利!!」って。ところが、裏山でガサガサと音がした途端、悲鳴を上げて玄関から飛び出したと。「来たらば来たれ試みよ、サタンよ来たれ」と言いながら、ちょっとの物音でビックリして飛び出していくような事で、どうして本当にその苦難に勝利ができるだろうか。どこか食い違っている。ねじれ現象ではないが、いつか私たちの現実の信仰生活の中に、ねじれが生じている。燃やされてもいる、従わさせていただいてもいる。でもどこかねじれている。

自分を見る時に、少なからず、主よ更に目を覚まされた者にふさわしい歩みをなすものであらせてください、と祈りつつ、主の助けを求めている者ですが、私たちは本当に時を知っているのでしょうか。今、日本は、あの弾圧前のように、文字通り、完全に戦前の状況にすべて整えられて来ているじゃありませんか。おそらく、間近に会見がされ、戦争へと突き進んでいってしまうやも知れない状況にあるではありませんか。そのような中で、私たちはキリストを身に着けた教会生活、聖徒の交わりを立て上げていくことなくして、この日本に福音の業が進むのでしょうか。もう少し真実の歩みをする者でありたいと願います。

肉の欲のために心を用いてはなりません。教会の働きの中にすら、他の群れの祝福を認められないで、祈れないでいる。教会が足を引き合って、しばって、孤立してしまう。「やあ、その時になったらやる。」そうはいかん。「あっちの水は苦いぞ、こっちの水は甘いぞ」と、ホタルを集めてるのではないのです。そのようなことを言っている時ではありません。肉の欲のためにしているのでしょうか。教会の名声のためですか。自分の働きの祝福のためですか。いいや、この世に十字架の真実が証しされ、この時代に十字架の救いがすべての人々にもたらされるとある。主は私たちを、人々より一足先に、御救いへと導き、恵みを与えてくださって、頼むぞ、この福音の証しのためにと、今この時代に、この社会に私たちを遣わして、生かして置いてくださるのではありませんか。主の期待はどんなに大きいでしょうか。私たちはその事を覚える時に、弱さを覚えながら、足らなさを認めながら、でも主ご自身の恵みと愛に応える歩みをさせていただきたいと願います。

主イエス・キリストを着なさい。目覚める時が来てるのです。いつまでもパジャマ姿で歩かないで、いつまでも闇の業を引きずらないで、新しくされて、福音化されて、すべての領域に福音化されて、福音の恵みを証しする。そのような聖徒たちが一人でも二人でも教会に集い養われてくるとするならば、聖霊様がそういう聖徒たちを用いてくださって、主の御業を進めることができるのではないでしょうか。「どうぞ、主よ、この私の霊の目を覚まして、この時代に、この社会に、福音の恵みを味わった者にふさわしく、あなたを表す歩みとなさしめてください」と、祈る者とさせていただこうではありませんか。今は眠りから覚むべき時がきました。お祈りしましょう。

「あなたがたは今がどのような時であるか知っているのですから、このように行いなさい。あなたがたが眠りから覚めるべき時が来ているのですから、夜はふけて、昼が近づきました。ですから闇の業を捨てて、光の武具を着けようではありませんか。主イエスを着なさい」。

主よ、歴史を振り返りながら、俗に、歴史は繰り返すと言われておりますす今、あの時のような時代の流れを見ております。そのことを認めながら私たちが、今までと同じように歩んでいるとするならば、正に、これから起きてしまうであろう恐ろしいサタンの大変革の中に、どれほどの証し人が生かされ、残されていくであろうかと思います。主よ、今の教会をあわれんでくださいますように。聖徒たちをあなたの聖徒にふさわしく、お整えくださいますように。いつまでも眠りこくってしまうのではなく、時が来ました、立ちなさい。行きましょう。あのゲツセマネの園で弟子たちを揺り動かし、ゲツセマネの園を後にされた主の御声と御姿を思いますが、どうぞ、目を覚ましていただいて、この時代、この社会に、真の福音を証しする者にふさわしく、私たちをお整えくださいますよう、よろしくお願いをいたします。かつての聖徒たちは戦いました。私たちも戦い得る者として、主が導いてくださいますようによろしくお願いいたします。

このような、歴史を振り返る、幸いな集まりが続けられてまいりました。これからもどうぞ、こうした恵みの集まりを通して、聖徒たちが、聖徒にふさわしく整えられて、教会が主の御身の教会にふさわしく、どのような時代にもこの福音を証しする、聖徒の交わりにふさわしく整えられて行くことができますように、主よ、取り扱いを、あなたの恵みをお与えくださるようお願いいたします。感謝をし、導きの御手にお委ねして、御名によってお祈りいたします。アーメン。

（第13回ホーリネス弾圧記念聖会・聖会説教　二〇〇四・六・二七　基督兄弟団　一宮教会牧師）

講演会講演

ホーリネス信仰の検証と継承

上中　栄

日本ホーリネス教団の上中栄と申します。第二十回の記念の弾圧記念聖会にお招き頂きまして、大変恐縮しております。私は研究者ではなく、一介の牧師に過ぎません。その視点で私がこれまで学んできましたことを皆さんとお分かちしたいと思っております。

ご紹介いただきましたように、私は牧師の三代目です。私がこの問題に関心を持ったのは、私の祖父の村上末吉が弾圧の経験者であったからです。私も子どもの頃は、弾圧を受けた祖父のことを誇らしく思っていました。ところが、二十歳を過ぎた頃に『ホーリネス・バンドの軌跡』が出版され、それを見た時に何か違和感を覚えました。しかし、若かったこともあり、あまり深く踏み込むことをしませんでした。三十歳過ぎくらいになり、祖父が弾圧された時の年齢に近くなった一九九五年、戦後五〇年ということで、諸方面で歴史を振り返る動きがありました。そこで、自分自身に関する歴史を振り返ってみようと思い、いろいろ調べ始めたのが、この問題に取り組むようになったきっかけです。そうした取り組みの中では、ホーリネスのことをいろいろ批判することになったのですが、「おまえはホーリネスの牧師の子どもでありながら先輩たちのことを悪く言うのか」と、随分叱られたものです。しかし、ホーリネスを愛する思いにおいては誰にも負けないと自負しております。そうしたこともお含みおきいただきたいと思っています。

さて、ホーリネス弾圧を巡って、私たちに与えられている信仰は、どのように検証され、また継承すべきか、そのことをお話しさせていただきます。はじめに、弾圧の前兆とでも言いましょうか、素地について簡単に触れておきたいと思います。

Ⅰ．戦時下日本の公権力とキリスト教界

1．戦前・戦時下の日本社会

まず取り上げたいのは、「大日本帝国憲法」です。ご存じの通り、天皇の神聖不可侵が規定された憲法で、このもとにある諸法が、ホーリネス弾圧に関して非常に重要な意味を持っています。天皇の神聖不可侵ということ自体も問題ですが、この憲法の起草過程で議論された理念もまた大事な

要素です。伊藤博文らは、欧米諸国を回りながら近代国家の形成に何が必要かを学びました。その中で、欧米諸国では、キリスト教が国家の機軸になっていることに気付きます。そこで、日本では何を機軸にすべきかを考えたわけです。しかし、開国前から忌避されているキリスト教を機軸にするわけにはいかない、そうかといって仏教や神道は今ひとつ心許ない。そこで持ち出されたのが皇室です。「我国ニ在テ機軸トスヘキハ独り皇室アルノミ」とあります。このように、皇室を機軸とすることが日本の近代国家形成のベースになっていったのです。それはキリスト教を封じ込めると言いましょうか、キリスト教に対抗するものであったことは留意すべきでしょう。そして、天皇制そのものがひとつの宗教性を持っていたということも、覚えておくべきかと思います。

旧憲法のもう一つの問題は、第二八条にある「信教の自由」です。その自由には、「安寧秩序ヲ妨ケス及臣民タルノ義務ニ背《そむ》カサル限ニ於テ」という条件が付けられています。条件付き自由という、言葉そのものにも矛盾がある訳ですが、そうでありながら、この信教の自由は当時の日本のキリスト教界にとっては非常に有り難いものでした。キリシタンの時代から邪教扱いされていたキリスト教に、自由が認められたからです。けれども旧憲法における信教の自由の問題は、単に制限があるというだけではなく、これが天皇から賦与されたという点であり、キリスト教界もそれを受け止めたのでした。自分で勝ち取った自由ではなく、畏れ多くも天皇陛下が私たちにお与えくださった信教の自由、と捉えました。その典型例が、日本基督教会の富田満が朝鮮に行き、神社参拝を勧める理屈にそっくりそのまま出てきます。神社参拝を拒否する人たちに向かい、あなたたちの殉教的な精神は立派だけれども、日本の政府はいつ棄教しろと勧めたか、国の祭祀を国民であるあなたたちに求めているに過ぎない、ということを言いました。神社は宗教ではないのだから、神社参拝は偶像礼拝には当たらないというのです。その中で、「明治大帝が万代に及ぶ大御心を以て世界に類なき宗教の自由を賦与せられたものを漫《みだ》りに遮《さえぎ》るは冒瀆に値する」と言っています。

これは、富田個人の考えではありません。ホーリネスの中田重治も、この信教の自由を盾にして公権力と戦いましたが、「これは天皇から与えられているものだ」という理屈が非常に強く出てきています。これは見落とせない点だと思います。

次に「宗教団体法」です。キリスト教界と一番関わりのあった役所は、文部省です。そして文部省が何度も国会に提出したものの、成立しなかったのが「宗教法案」です。最後にやっと通ったのが、この「宗教団体法」です。これは、宗教を一元管理するために作られた法律と言えるものです。問題点の一つは、公権力が宗教を管理するということですが、もう一つ見逃せないのは、第一条の「宗教の定義」です。「本法ニ於テ宗教団体トハ神道教派、仏教宗派及基督教其ノ他ノ宗教ノ教団（以下単ニ教派、宗派、教団ト称ス）並ニ寺院及教会ヲ謂フ」とあります。

ここで問題なのは、宗教の定義の中に神社が入っていないことです。これは、開国後に神社を国教にできなかった政府が持ち出した理屈で、「神社は宗教ではない」という、いわゆる神社非宗教論です。それに対して中田重治は、神社は宗教であると、非常に果敢に戦いました。しかし、一九四〇年前後になってくると、キリスト教界の抵抗や反対の声も、次第に止んでしまいました。それには戦争の影響もありますが、そのような中でこの「宗教団体法」が成立しました。これは、「神社が宗教ではない」ということが、言わば法的に確定したということです。けれども当時のキリスト教界では、この「宗教団体法」によって、キリスト教は日本社会での法的な立場を得ることができたという、歓迎する意見の方が支配的でした。『神の言はつながれていないII』の関田寛雄氏の講演でも、「宗教団体法」をめぐることが書かれていますが、正にその通りだと思います。治安維持法その他については、後で触れることにいたします。

次に、キリスト教界に関係していた公権力について取り上げます。ホーリネスでは、一口に「国家権力による不当な弾圧」というような言い方をしますが、詳細に見ていくならば、いくつかの政府機関がホーリネス弾圧に関わっていたことがわかります。

もともとキリスト教界と一番繋がりが深かったのは、文部省です。それは、今日も宗教法人の認証などの許認可権を文部化科学省が持っているのと同様です。ちなみに、神社は内務省の管轄でした。宗教行政においても、「神社は宗教ではない」とされていたのです。

さて文部官僚の中にはキリスト者もいて、それらの人たちが、日本基督教団の合同協議の中で、どうすれば認可され易いかということをサポートしたことが知られています。それは善意によるものですが、その中身については検証する必要があります。このサポートは、あくまでも当時の日本社会の中で認可されるためにどうすればよいかというもので、キリスト教信仰を尊重するものではなかったからです。

二つ目は内務省です。これがホーリネス弾圧の主体となります。この内務省は、元々は共産主義者を標的とした「治安維持法」によって、その撲滅を進めました。この法律は、非常に強烈な威力を発揮し、共産主義者の勢いはどんどん下火になっていきます。ところが、それで収まったかというと、権力というものは怖いもので、獲物が無くなると別の獲物を探し出したのです。それが自由人であったり、宗教人であったりしました。しかし、さすがに一九二五年の「治安維持法」で、そこまで範囲を広げて取り締まるのは法的に難しいということで、一九四〇年に全面改定されました。その改正法律の第七条、八条が、ホーリネス弾圧に適用されたのでした。

内務省、つまり特高警察が教会に出入りしていたことは、多くの証言でよく知られていますが、特高警察は非常に賢く獲物を狙っていました。かなり下準備をして、弾圧に乗り出しました。

法的に弾圧をした内務省に比べると、法的な根拠があまりないまま、キリスト教界にしつこく介入してきたのが憲兵です。憲兵は、陸軍大臣の管轄下にあり、本来は軍事警察、軍隊のための警察でした。しかし、戦争が激しくなるにつれて、平和主義者などに言いがかりをつけるようにして、市民に介入するようになっていきました。特にキリスト教界には、大阪府での神社に対する問い合わせなど、神社問題でちょっかいを出してきました。特高が非常に賢く動いていたのに対して、憲兵というのは——あまり良い言い方ではないですけれども——権力を持ったいじめっ子のような感じだったようです。法的な根拠がほとんどないようなことが横行していたと、数々の事例の中で見ることができます。

2．日本のキリスト教界——合同問題

そうした中で、日本のキリスト教界は、合同することで自分たちの身を守ろうとしました。その合同協議の内容をいつくか挙げております。日本のプロテスタント教会は、教派に分かれずに、ひとつの教会になろうとしてきた歴史があります。「公会主義」と呼ばれます。結局、合同協議はうまくいかなかったのですが、教派的な背景が近い団体が合同するなど、合同志向が元々あったのは確かなことです。

日本基督教団の成立を肯定的に捉える表現として、「神の摂理」とか、「教会の自由で主体的な合同」といった言い方があります。それは一面では正しいことです。けれども、実際に合同協議が進む中で、救世軍スパイ事件とか、賀川豊彦が拘引されるというような出来事が起こってきました。これは、先ほど言いました憲兵の介入です。憲兵が出てきていじめのようなことをすると、キリスト教界は文部省に擦り寄って守ってもらおうとしたという形です。それが合同協議を進展させました。あるいは、日本社会との関わりの中では、皇紀二六〇〇年という天皇制のお祭りムードの中で、合同の決意が表明されていったことも、見逃せない点です。

合同協議の最終段階については、会議録が残っています。それを見ていくと、合同協議はまとまりそうになるとダメになって、まとまりそうになると再びダメになるということを繰り返しました。簡単にまとまらなかった理由は、それぞれの教派が大事にしている伝統があったからです。例えば、聖公会でしたら主教制は譲れないとか、改革派系の教会では信仰告白が不可欠だとか、それぞれの教派が大事にしているものがありました。一つになろうとする時に、その部分がぶつかりあって、物別れになったのです。「教派」のネガティブなイメージに、分裂や分派というものがありますが、自分たちが大事にしていることが譲れないという議論は、プロテスタント教会としては当然であり、極めて健全なことです。自分たちは真理に生きるのだという確信を持って、それぞれの教派が形成されてきました。それが一緒になる時に、ただ単に一緒になるというのではなく、やはり大事なものは大事にしていきたいという議論をしていたわけです。

けれども、合同協議の最終段階になって「宗教団体法」ができたり、救世軍スパイ事件などのいわゆる「外圧」があって、合同協議が一気に進んでいきました。なぜ進んだかというと、それは折り合いが付いたのではなく、それぞれが大事にしているものを引っ込めたのです。つまり、自分たちの大事にしていた教派性を捨てたも同然の状態になって、日本基督教団は成立したのです。一緒になろうという思いや祈りがあったことも確かですが、こうした要因も見落としてはなりません。

これは余計なことかもしれませんが、一昨年、プロテスタント一五〇年（という括りにも議論はあります）を記念する行事が行われ、日本基督教団から記念宣言が公表されました。それを読んで驚いたことに、「日本基督教団は神が働きたもう歴史の必然により生まれた公同教会であり、簡易信条、公会主義の伝統を受け継いでいます」と書かれていました。お祭り気分で浮かれてしまったのでしょうか。これは失言としか私には思えません。「公会主義」というのは、自分たちの弱さをカモフラージュするような幻想であり、詭弁です。そのような発言をすることの意味が分かりません。

このようにしてできたのが日本基督教団です。他人事のように言っていますが、実際、私たちホーリネスも合同協議に加わり、私たちも「日本基督教団になった」のです。「日本基督教団だった」時代があるのです。その日本基督教団に加入するまでの時期に、ホーリネスはどのような動きをしていたのでしょうか。

一つは教義の変更です。一九三三年に中田重治と委員派との分離事件が起こり、三六年の和協分離により「きよめ教会」、「日本聖教会」としての歩みを始めました。その時に日本聖教会は、それまで東洋宣教会ホーリネス教会が掲げていた会則を改めました。これが第一回目の変更であり、新組織としては当然の手続きでもあります。第二回目は、合同協議が進んでいく中で行われました。宗教団体法成立後、各教派は独自の認可を目指して手続きをはじめました。日本聖教会は、その段階で二回目の教義変更を行いました。資料を調べていきますと、二回目の教義変更については、「これは文部省の注意があった」とか、「国体明徴論によって反省をした」といった言葉が残っています。これは当時の日本聖教会執行部の言葉です。

信仰内容、すなわち教義とは教会にとって揺るがすことができない土台の部分です。それが文部省の注意や、国体明徴論によって変わったというのです。日本ホーリネス教団から出版された『日本ホーリネス教団史第一巻　ホーリネス信仰の形成』の中で、山田智朗牧師が分離のことを丁寧に検証して、「これは、ホーリネスにとっては神学論争ができるチャンスだった」と述べています。自分たちの信仰が何かということを神学的に検証するチャンスだったけれども、分離事件では感情論や不動産の帰属のことなどに論点が移ってしまい、自分たちが何者かを議論するチャンスを逃してしまいました。そうした混乱の中で、日本聖教会は転がり込むようにして日本基督教団へ合同していきました。

創立当初の日本基督教団は、十一の「部」から成り、背景が近い教派が同じ部に属しました。日本ホーリネス系は一緒にはならず、日本聖教会は第六部、きよめ教会は第九部となりました。日本基督教団創立総会の議席数から、当時のおよその教勢を知ることができます。第六部と第九部を合わせると、全体で四番目になります。いわゆる主流諸教派と比べても、かなりの勢力であったことが分かります。

そのようにして出来上がった日本基督教団の自己同一性を、規則から見てみましょう。第五条の教義の最後のところに、「教会ハキリストノ體ニシテ恩寵ニ依リテ召サレタル者礼拝ヲ守リ聖礼典ヲ行ヒ福音ヲ宣べ伝へ主ノ来リ給フヲ待望ムモノナリ」とあります。日本基督教団の教義の中にも再臨信仰があります。これが後のホーリネス裁判の中で取り上げられます。しかし同時に、第七条に「生活綱領」というものが載っていて、「皇国ノ道ニ従ヒテ」とあります。後に、日本基督教団の統理となった富田満が伊勢神宮を参拝して、教団の創立を報告したということが記録に残っています。誰に何を報告したのか分かりませんけれども……。その後、日本基督教団は神社参拝ばかりではなく、国民儀礼や戦争協力を行なっていくようになります。先ほども言いましたように、この日本基督教団のことを私たちは他人事のように言うことはできません。「教団を離脱した私たちも、かつて日本基督教団だった」のです。第六部の機関紙『霊光』にも、日本基督教団の規則が紹介されています。日本基督教団第六部として、自分たちは日本基督教団としてやっていくのだという思いを見て取ることができます。「私たちは日本基督教団だった」のです。

自分たちが大切にしていたものを言わば捨てて日本基督教団が成立しました。そして、その日本基督教団が実際に行ったことは何かというと、偶像礼拝であったり、戦争協力であったり、あるいは、ホーリネス弾圧が起こった時には仲間を切り捨てるということでした。ここで申し上げたい一つのことは、教派性――私たちひとつひとつの教派が持っている大切なもの――を捨ててしまうならば、教会は教会でなくなるということです。日本基督教団はそのようにしてできた。そして私たちもそこに加わっていたという歴史を、私たちは直視しなければならないと思います。

II．公権力とホーリネス

1．小山宗祐自殺事件

そうした中でホーリネス弾圧が起こるわけですが、ここでぜひ取り上げておきたいのが小山宗祐自殺事件です。小山宗祐自殺事件というのはホーリネス弾圧が起きる数ヵ月前の一九四二年一月、函館本町教会の牧師補であった小山宗祐が憲兵に捕らえられて、三月二六日に死亡するという事件です。当局の発表では自殺だと言われました。この小山宗祐自殺事件は、ホーリネス関係者よりも他の研究者が先に着目しており、彼のことをほったらかしにしているホーリネスのことが批判されています。私は一時、小山宗祐のことを取りつかれたように調べたことがあります。彼が生まれ育った大阪に行って、献身前の小山宗祐を知っている方と会ったり、函館に行って戦争中の地図を買って教会のあった所を確認したり、小山宗祐の遺体を実際に見た方の話を聞いたり、最後には彼のお墓に行ったりしました。そして、小山宗祐を何とかホーリネスで名誉回復できないかと思っています。それくらい、この小山宗祐自殺事件というのは、ホーリネス弾圧がいろいろ取り上げられている割には、関心が持たれてこなかったのです。

彼のプロフィールを簡単に紹介します。大阪で生まれて献身し、聖書学校に入学します。分離後、函館では函館きよめ教会と函館聖教会の二つの教会が並立していました。日本基督教団になってから、函館聖教会は函館本町教会と改称されました。そこに任命されていた牧師が応召されてしまったため、聖書学校で学んでいた小山宗祐が、今で言う夏期伝道のように派遣されて、そのまま函館に任命されました。つまり聖書学校を正式に卒業していないため、彼のことは「小山宗祐牧師補」と呼ばれています。夏に赴任して初めての冬を迎えますが、その冬に太平洋戦争が始まります。そして開戦間もない一月十六日、函館の憲兵分隊に拘引されました。

問題の一つは、その罪状は何かということです。ホーリネスは小山宗祐は神社参拝を拒否したので捕らえられたと伝えられてきました。先ほどお話しした、他教派の研究者が着目した点はその部分です。つまり、彼は抵抗者ではなかったのかということです。「ホーリネス弾圧は確かに受難だけれども、抵抗運動ではなかった。けれども、この小山宗祐は抵抗したのではないかというのがその研究者の一つの論点でした。しかし、輪番制で護国神社に参拝するという隣組の取り決めがあったのだけれど、小山はそれをしなかったという理由で捕らえられたと言われていますが、小山宗祐のことを丹念に調べた坂本幸四郎氏は、様々な資料を照らし合わせていく中で、神社参拝を拒否して捕らえられたとは考えにくいとしています。それは教会員の証言の中にも、小山宗祐が神社参拝を拒否するように指導したことはないし、反戦的な言動は彼の中にはなかったとあるからです。そもそも、なぜ小山宗祐が拘引されたのか、誰も分からなかったと言っているのです。これはとても重要な証言だと思います。例えば、今、私が逮捕されたら、私が遣わされております鵠沼教会や元住吉教会の教会員の方は「ああ、やっぱり上中は」と思うでしょう。私のことを知っているからです。でも、その時、教会員は小山宗祐が捕らえられた理由が分からなかった。つまり、先ほど申し上げたように、反戦容疑や神社問題で市民や教会に介入した憲兵に捕らえられた訳ですから、その憲兵に拘引された理由が分からないというのは、反戦的な言動などは普段はなかったのではないかと推測できるのです。さらに、特高資料には、「不敬、雑言、卑語、出版法違反」など、特高が調べた事柄の中に小山宗祐のことが出てくるのですが、神社参拝とはほとんど関係ありません。「不敬」は神社参拝に関係があるように思えますが、当時「神宮不敬」ということはあまりなかったそうです。皇室不敬に関するものはいくらでもあるが、神宮不敬というものは稀だったということを、憲法学者の奥平康弘氏が指摘しています。

唯一、小山宗祐に関係して見出される法律用語は「陸軍刑法違反」です。しかし、この法律にも神社の「じ」の字も出てこないのです。つまり、神社参拝を拒否して捕らえられたと言われていますが、実際に彼がそこまで過激なことをしていたとは思えない。むしろ、先ほどから述べているように、憲兵が法的な根拠がほとんどないままにしょっ引いたという可能性も否定できません。もしかすると、容疑そのものがなかったかもしれないとさえ言えるのです。

問題点の二つ目は死因です。当局の発表では、彼は首を吊って自殺をしたことになっています。しかし、遺体の状態に関する証言を見ていきますと、これは虐殺された可能性が非常に高いと言えます。取り調べを受けている隣室で、小山が拷問されている悲鳴が聞こえてきたというような証言も残っていますし、遺体の状況などから、これは拷問されて生命を落としたのではないかと多くの人が推測しています。しかし、それが他殺であるという証拠もありません。ですからそれを断定することはできません。でも当局側の発表が一方的であっても、それを覆すことはないという、戦時下の公権力ということをよく表しているのではないかと思います。

そして、小山宗祐を取り巻く人々の中で、小山宗祐が憲兵に捕らえられた理由について考えられている一つのことは、近隣住民による密告の可能性です。私が聞き取りをした人は、「あの隣の人が密告したのだ」と断言していました。その証言内容を証明する手立てはないのですが、そのように考えている人が何人かいます。先ほども言いましたように、これは太平洋戦争が始まって間もなくのことです。敵性宗教についての密告のようなことが、地域社会の中で横行していたという可能性があります。つまり、戦争が起きると、地域社会はそのようなものになってしまうということです。憲兵のような権力が暴走するだけではなく、地域社会もそのようになっていくのです。

そして、教会員の証言の中で非常に心痛むのが、事件後も信仰を守り通した者もいるが、教会を離れてしまった人もいるということです。坂本氏が、教会を離れた方々に聞き取りした証言内容を読んでいくと、憲兵に呼ばれた教会員たちが、拷問の悲鳴が聞こえてくる中で「おまえたちには、あのようにするつもりはない。でも、おまえたちはどうするつもりか」と尋問されたそうです。そして、その人たちは「神社参拝もいたします」と言ったのでしょう。それらの証言の中から読み取れるのは、自分たちの背信が小山牧師を死に追いやったのではないか、という自責の念です。ですから、戦争が起きたら地域社会がどうなるか、教会がどうなるか、権力がどうなるかを、この事件は非常に端的に表していると思うのです。これに対して第六部がどのように対応したかということは、後で触れることにいたします。

2．ホーリネス弾圧

本題ともいうべきホーリネス弾圧について見ていきましょう。

ホーリネス弾圧について、「治安維持法違反により教会が解散させられた」などと言われますが、それは正確な表現ではありません。まず、その点を整理いたします。先ほど言いましたように、特高がやってきて「これは治安維持法に抵触する」ということで、第一次検挙や第二次検挙がありました。それらは刑事事件です。それに対して、教会の解散や牧師に対する辞任の強要や謹慎処分は、行政処分です。日本基督教団宣教研究所が所収している資料に、教団統理者から旧ホーリネスの牧師に宛てられた手紙の控えがあります。そこには、今般これこれのことが起きたので、速やかに辞職しなさい。辞職しないときは、残念だけれども、こちらで教師資格をはく奪します、というようなことが書かれています。

この通達は、まず文部省に呼ばれた教団執行部が行政処分を言い渡され、そして教団執行部からホーリネスの牧師や教会に送られました。弾圧時、これで日本基督教団から不純なものがいなくなったとか、これからいよいよ日本の基督教は発展していくでしょうなどと、教団幹部が言っている記録が残っています。いわば一家の大黒柱を失ったホーリネスの牧師家族や教会に対して、日本基督教団は謹慎しなさいとか牧師を辞めなさいとか言いました。これは、日本基督教団が文部省の執行機関として機能したということです。ただ、日本基督教団はそのような意地悪だっただけではありません。牧師たちが復帰する道も用意しましたが、それは「錬成をする」とか、信仰とはおよそ関係のない「日本的な牧師になれば」といったものです。以上は、行政処分に関することです。

次に取り上げるのは、刑事事件に関することです。ホーリネスが弾圧された理由については、米田豊牧師は、回想で「スパイ問題」「神社問題」「ユダヤ人問題」「再臨信仰」などを挙げています。それに対して当局側の意向に関するはっきりとした資料は残ってはいませんが、取り調べを受けた牧師たちの証言の中に、初めにホーリネスを叩いて、それから日本基督教会（第一部）だ、と刑事が言っていたというものがあります。ホーリネスをキリスト教弾圧の足掛かりにしようとしたということで、私は「足がかり説」と呼んでいます。一方で、思想検事の回想などの中には、軍部はキリスト教会全体を潰そうとしている。そうなったら大変なことだ。そのまま放っておいたら軍部は言うことを聞かないので、「傍流、あるいは薄手の新興宗教みたいなもの」としてホーリネスを選び、そこを叩いてキリスト教全体を守ったという証言があります。「スケープゴート説」と呼んでいます。

ところが、ホーリネスに対する弾圧は大規模であったにも関わらず、治安維持法関係の書物や当時の司法関係者の経歴などを見てもほとんど出てきません。ほとんど出てこないのはなぜかを考えてみました。治安維持法は共産主義者を叩いた後に、次の獲物として大本教のような新興宗教に向かっていきました。言い方は良くありませんが、「公権力の最後のあがきに、たまたま引っかかったのがホーリネス」というような感じだったのではないでしょうか。だとしたら、それこそが正に悲劇だと私は思います。実際には、当局側からするならば、別にホーリネスは大して痛くも痒くもない存在だったはずです。共産主義者や大本教は実際に脅威だったでしょう。しかし、ホーリネスは革命を起こそうとも言っていませんし、国家を引っくり返す気もありません。単に、「キリストが再臨した時に国体はどうなるか」ということが問われただけなのです。それとも、もしキリストが再臨したら、天皇を中心とした国体が引っくり返ると、本当に脅威に感じてホーリネスを取り締まったのでしょうか。本当に当局者たちが、そのように思っていたとしたならば、彼らは当時のキリスト者よりも信仰深いことになります。彼らがそれくらいキリストの再臨のリアリティを感じていたのでしょうか。そうは考えにくい。であれば、弾圧をやっていって、最後に「傍流、あるいは薄手の新興宗教みたいな」ホーリネスが引っかかったのではないかと思います。公権力の成れの果ての姿をを見る思いがします。

　しかし、この「傍流」というのは確かに悪口なのですけれども、非常に重要な意味を持つ言葉だと思っています。というのは、先ほど日本基督教団の合同協議のことを話しましたが、日本基督教団はそれぞれの教派性を捨ててできたものです。教派性を捨ててできた教団が何をしたかというと、偶像礼拝、戦争協力、仲間の切り捨てでした。美濃ミッション、プリマス・ブレズレン、救世軍、そしてホーリネスのように、迫害された教派は個性がはっきりしていました。自分たちが何を大事にしているかがはっきりしている教派は、当局から目を付けられやすかったと言えるでしょう。それでもホーリネスの場合は、私たちはみんなと一緒ですよといって、日本基督教団に合同しました。認可されているから守られていると考えたのですが、実際には、特徴ある教派は当局から目を付けられていたのです。それは、当局が信心深かったから見つけたのではありません。自分たちの教派性がはっきりしているということは、この世に対するインパクトがそれなりにあったということで、ホーリネスの場合は再臨信仰、すなわち終末思想ということになります。ホーリネスの場合には分離騒動のこともあったので、別の意味でもインパクトはあったのですが、先ほど見たように、大きな群れとして成長してきたホーリネスが再臨信仰を掲げていたということは、非常に重要な意味を持っていました。

しかし、日本基督教団に合同することによって、ホーリネスも教義の変更し、教派性を捨てて合同に加わりました。ホーリネスのようなリバイバル運動を背景とするグループは、既成教会の形骸化などを批判する傾向がありますから、主流ではなく傍流であることがある意味で自分たちの自己同一性でありました。しかし、合同することで自分たちが傍流であることを止めたのです。そして体制側についたと思っていたのですが、当時の治安維持法はそれでは済まないことになっていたのです。

次に、ホーリネス裁判のことです。現在、資料がそろっているのは、東京の裁判関係の資料です。これは梨本英二氏が収集した資料で、発表できないまま長年保管されていたものが日本ホーリネス教団に寄贈されました。それによると、一九四二（昭和17）年六月二六日に検挙された後、警察官による取り調べが行われ、その間に第二次検挙や教会の解散が行われ、そして、四三年五月から検事による取り調べの後に起訴されています。そして、現在はありませんが「予審」という判事による取り調べが行われ、そして保釈されました。約二年弱の間、東京の牧師たちは捕らえられていました。保釈後、一九四三年八月から公判が開かれ、一九四四年十二月二七日に判決が言い渡されました。これが裁判の流れになります。

さて取り調べは、警察、検事、そして判事による予審と、三段階で行われ、それぞれの調書が残っています。今、私たちが入手しやすい菅野鋭牧師の調書は、思想検事の命によって云々と書かれていますが、最初の警察官による取り調べです。車田秋次牧師の予審調書とは、三番目の判事による取り調べです。そして、その全部が残っているのが米田豊牧師に関する資料です。それをよく読んでいくと、裁判の中で何が焦点になっていったかがわかります。拙文「十五年戦争下のホーリネスと天皇制」『十五年戦争期の天皇制とキリスト教』の中に書いてありますので、参考になさってください。取り調べによって、焦点が少しずつ変わっていくのが分かります。

そして、もう一つ重要な資料が「上申書」です。上申書とは公判の時に、牧師たちが弁護士と相談しながら裁判長に直接自分の意見を言うものです。上申書については、なぜか泉田精一牧師のものだけが資料として公刊されていて、それを読むと、非常に日和見主義的なところがあって批判されてきました。例えば、地方から親戚が来たら、私は明治神宮と靖国神社とどこそこに行ってからでないと、東京見物はしなかった、というようなことが記されています。

裁判の焦点についてですが、特高は不敬罪なども想定したのかもしれませんが、調書類を読む限り、検事は神社問題には触れず、ひたすら治安維持法の「国体否定」に集中して有罪に持ち込もうとしているのがわかります。ここで確認しておくことがあります。菅野牧師にしても、車田牧師にしてもそうですが、調書に記されていることは、基本的には「あちら側」の人が書き留めたということです。警察などでの調書は、今でもそうですが、私たちが言ったことを取調官が書き留めます。自分で書くことはありません。そして書き留めた内容を「これでいいですか」と確認します。「いや、ちょっとニュアンスが違います」と言っても、「でもこういうことでしょ」と説明されて、「そうですね」と認めれば調書が完成します。ですから、車田牧師の予審調書にある「殉教する他ないのであります」も、「あちら側の人」が書き留めた言葉なのです。それは、車田牧師がその言葉を言わなかったということではありませんが、調書の持つ意味を理解し、割り引いて読まなければなりません。なぜかと言うと、「調書に書かれていることは私たちの本意ではない」と上申書に書かれているからです。

上申書については泉田牧師だけでなく、米田牧師や車田牧師や蔦田牧師の他、当時の幹部のものがひと揃え残っています。それらの上申書の要点は、⑴再臨信仰の理解は中田重治とは違う、⑵再臨は具体的、政治的なものではないから国体の否定には当たらない、そして、⑶調書の内容は一方的に書かれた不本意なものだ、⑷天皇の統治権窃取や天皇の統治権廃止などは考えてもいない、⑸神社に参拝したり崇敬するなど日本人として正義を尽くしているというのが、どの牧師の上申書にも共通して書かれていることです。

治安維持法違反に問われた裁判で「キリストか天皇か」と問われた時に、「キリストです」と言うならば有罪にすることができます。ですから、調書の中にある信仰的な言葉は、「あちら側」からすると非常に都合の良い言葉になる。しかし、牧師たちは上申書の中で「自分たちの本意ではない」と述べている。そのことをどのように捉えるか。それは私たちにとって非常に重要な問いになってきます。つまり、調書に記されていることをそのまま取り上げて金科玉条のようにすることには無理があるのです。それは調書の内容が嘘だったということではなく、今まで述べてきた状況の中で語られ書かれたことを私たちがどのように理解するかという、私たちの問題になってくるのです。

もう一つ、藤川弁護士による「弁論要旨」が、『御霊の法則』と『車田秋次全集』の両方に載っています。二回も載っていて、なぜ出版時にこの弁論要旨が問題にならなかったか不思議に思います。そこには以下のようなことが書かれています。確かに、ホーリネス関係者に脱線的な言動があった。けれども、それらは宗教団体法で対処すべき事柄で、治安維持法を適用すべきではない、と弁論を始めます。そして、中田重治の千年王国理解に対して、日本聖教会の再臨信仰は全く精神的なものであって、国体の否定などは全く関係がない。日本基督教団と同一の信仰である。しかも、神社問題とは中田重治が厳しく禁じたものであって、旧第六部の牧師たちにそのような非国民的な考えを持った者はいない。日本聖教会が設立されたときや保釈されたときには、キチンと伊勢神宮に参拝した牧師もいる、という内容です。冒頭に出てくる「脱線的言動」が、先ほどお話しした小山宗祐のことを指しています。名指しはしていませんが「北海道で云々」とあり、小山宗祐のこと以外は考えられません。先ほど申しましたように、小山宗祐は何の容疑かもわからない中で捕らえられました。小山は自分たちの仲間です。それなのに仲間の中に脱線的な言動をした者があったけれども自分たちは……、中田はやかましく言ったけれども自分たちは……、と弁論しているのです。

ところが、神社問題や日本国民としてどうであったかという点については一生懸命に弁論しますし、上申書の中にも書かれていますが、検事の論告はひたすら教理のことに集中していて、神社のことなどほとんど出てきません。ですから、この裁判でホーリネスの牧師が無罪を主張した、不当な弾圧を受けたので無罪を主張したと言われてきましたが、法律論で無罪を主張したのではありません。治安維持法ではなく宗教団体法で処するべきという点は確かに法律論ではありますが、天皇を崇敬する日本人です、神社参拝もしています、だから無罪だというのは、法律論ではなく精神論や信仰論です。それがホーリネス裁判で牧師たちが主張した、無罪の理由でした。

ですから、偶像礼拝とは他の神々を拝むということだけではありません。教派性を捨てた教会は教会ではなくなり、偶像礼拝に陥った教会は隣人愛さえ失ったのです。私たちの教団で発表した「戦責告白」の焦点の一つはそこです。私たちは戦ってきたと聞いてきましたが、実際には、私たち旧第六部の牧師たちは、旧第九部の中田派とは違うんです、あの人たちはそうかもしれないが、私たちは違うと言ったのです。それは「憎き日本基督教団」「私たちを切り捨てた日本基督教団」と同じ論理であって、私たちは日本基督教団を一方的に非難することはできないのです。

Ⅲ．ホーリネス信仰の検証と継承

1．検証

最後に、私たちの信仰の検証と継承についてお話しいたします。一つは、私たちの歴史観です。私たちは自分たちの絶対性を強調します。そのことは相対主義と対峙するという意味で非常に重要な力となり、それ自体が悪いことではありません。しかし、短所としては、分離騒動に象徴されるような独善的な聖書解釈などに陥ることがあります。

もう一つは資料の読み方です。私たちが手にしている様々な資料を読んで、それをどのように咀嚼して自分たちの課題として受け止めるかが大切です。私たちの先輩はこのように戦ってきたのだというだけでは、正確ではありません。あるいは、資料の伝え方です。これも『日本ホーリネス教団史第1巻』の中に書きましたが、ホーリネスの場合、資料の引用の仕方がかなり雑です。『中田重治全集』には『聖潔の友』などの論説が掲載されていますが、何の断りもなく表現を変えているところが結構あります。都合の悪そうな内容や表現が変えられています。『車田秋次全集』の日記にも、意図的に伏字にした部分があります。

また、私がこの課題を取り組むきっかけとなった『ホーリネス・バンドの軌跡』に、私の祖父・村上末吉の文章が載っています。しかし、よくよく調べてみると、祖父が書いたものとそうでないものが一つに編集されているのですが、そのことについて何の断りもありません。先に申し上げた違和感の正体は、これのようです。また、伯父の村上宣道が、祖父が捕らえられた時にそのことが新聞に載ったと言い、著書にもそのように書いていたので、私は当時の地方紙を片っ端から調べたことがあります。しかし、見つけられませんでした。そこで伯父に確認したところ、実際に新聞を見たのではなく、そのように聞いたのでそう思っていたということでした。それなのに、その後に出版された『神の言はつながれてはいないII』の中の説教に、同じような話しが載っています。このように、正確性に欠けるものが結構あるのです。それをどのように読むか、どのように伝えていくかということです。

もう一つは憲法、そして「信教の自由」の問題です。「信教の自由」は、明治憲法では天皇から賦与されたものでした。現行憲法の「信教の自由」は、いったい誰に与えられたものでしょうか。近代市民社会が形成されていく中で、「信教の自由」は勝ち取られてきたものです。プロテスタント教会は、はじめは国教会や領邦教会として形成されました。その国の王や領主など権力者の信仰が、その民の信仰となりました。つまり、権力者がルーテルだと全員がルーテルになり、権力者が改宗すると全員が改宗するといった形です。やがて、近代市民社会が成立するようになると、主権が権力者から個人に移り、個々人の信仰が尊重されるようになります。そうして形成されたのが「教派」というものです。それは単に、分離・分裂したというようなものではなく、権力者から自由な信仰であり、それぞれが何を大事にしているかということが明らかにされるものです。それが「教派」です。その形成過程で勝ち取られてきたのが、「信教の自由」です。今日、現行憲法の中で「信教の自由」をいうとき、私たちは誰がそれを守ってくれると思っているのでしょうか。これは、私たちが自分で勝ち取らなければならないものなのです。立憲主義国家において、私たちが権力に対してどのように対峙するかは非常に重要なことです。

2．継承

継承すべきことは、ホーリネスとしての教派性です。私たちがホーリネスの自覚をどのように持つか、私たちにとってホーリネスとは何なのか、私たちにとって四重の福音とは何なのか、どのように私たちは理解するかは、それぞれの教団にとって大切な作業になるでしょう。

最後に、ラディカルという表現が適切かどうか悩むところですが、生き生きとした信仰についてです。弾圧時のことについて、ここまではネガティブな側面を語ってきましたが、確かに、弾圧時に戦ってきた牧師たちの証言は数多くあります。私たちはそれをどのように評価し、受け継いでいくかが重要です。聖書信仰について、「聖書は神の言葉」であると固執してきたこともまた重要です。また、中田重治は社会活動についても熱心に取り組んできました。『日本ホーリネス教団史第1巻』の中にも、そのことが取り上げられています。「らい病」者伝道に関わった安倍千太郎や三上千代などは、その分野の研究者の中でも高く評価されています。そのように、信仰によって力強く生きた先輩たちがいるということをもっと評価すべきです。

また、あまり知られていないことですが、神社問題について、各地で衝突が起こってくる中で、中田重治はそれらの解決のために奔走しました。それがいつのことかというと、昭和のリバイバルの時期と重なるのです。リバイバルが起こって、ホーリネス教会内が浮足立っているような中で、中田重治は神社問題を解決するためにあの手この手を尽くしています。これは、もっと評価されるべきだと思います。

美濃ミッションが迫害された時、中田重治は弁護士の紹介を申し出るなどのモラルサポートをしています。つい最近、美濃ミッションの石黒イサク氏から、中田重治が送った手紙が発見されたと紹介されました。他にも、機関紙にプリマス・ブレズレンの困窮を紹介するなど、中田は困った人がいると黙っていられませんでした。真理のために戦うことは、机上の空論を振りかざすことではなく、そこに向かって突き進んでいく面があります。実際には、こうした迫害で裁判を起こして敗訴してしまうと、迫害そのものが合法性を持ってしまいます。その点は石黒氏や奥平氏も指摘しています。ですから、モラルサポートについてもがむしゃらに行えばよいというものではなく、今、私たちが置かれている社会の状況において、あるいは法律の中で、あるいは教会の状況の中で、キリスト者として何に目を付けて生きていくかについて賢くあらねばなりません。

こうした中田重治の生き方は、私たちに一つの模範を示しているように思います。中田のすべてを肯定することはできませんが、負の側面を見て全否定してしまうのではなく、彼の持っていたスピリットを私たちはどのように受け止めていくのか、弾圧された牧師たちの戦いを私たちはどのように受け止めていくのかが問われています。それは、金科玉条ではあり得ません。私たちがしなければならないことは多くあります。私たちがホーリネスという群れに連なることが許されている恵みは非常に大きなことであって、私たちはこのことを大切にしていきたいと願います。

（第20回ホーリネス弾圧記念聖会・講演会講演　二〇一一・六・二六　日本ホーリネス教団　鵠沼教会牧師）

聖会立証

手で作った神様など拝まない

斎藤　溢子

テモテへの手紙　二　二章8節から10節を新共同訳で拝読させていただきます。

「イエス・キリストのことを思い起こしなさい。わたしの宣べ伝える福音によれば、この方は、ダビデの子孫で、死者の中から復活されたのです。この福音のためにわたしは苦しみを受け、ついに犯罪人のように鎖につながれています。しかし、神の言葉はつながれていません。だから、わたしは、選ばれた人々のために、あらゆることを耐え忍んでいます。彼らもキリスト・イエスによる救いを永遠の栄光と共に得るためです」

今日、久しぶりに大久保の駅に降りまして、何かなつかしい思いをしながら、この淀橋教会の近くまでまいりましたが、本当にもう浦島太郎のように、びっくりしてしまいました。何と素晴らしい会堂が建って、そして素晴らしい神様のわざが進められていること、そのことにまず驚かされました。

今日弾圧記念聖会に寄せていただきましたが、私はこのような聖会があることも知りませんでしたが、証しのご用をさせていただく光栄を心から感謝しております。

まず、昭和初期のホーリネス教会は、非常な神様の大きな恵みをうけて、大リバイバルと言われるすばらしいわざが行われておりました。三千人が入る大天幕が張られて、その中に信徒の方々がいっぱい集って、あふれる方たちがその天幕集会の中で非常な恵みにあずかっている。私の父もその時に群馬県桐生市から、まだ不便な交通機関であったと思いますけれども、この柏木までまいりました。その大天幕の集会「われ東雲《しののめ》を呼びさまさん」という、横断幕が掲げられている聖会に出席をした写真がアルバムに残っておりますが、そのようなリバイバルが起こされた素晴らしい当時のホーリネス教会のいろいろな様子を、私は両親からよく聞かされていたのです。私もクリスチャンホームに生まれまして、そして、小さい時から日曜学校に行くことを勧められ、また、熱心な信徒であった両親から毎日家庭礼拝を守り、聖書を学ぶ事を教えられてまいりました。なかなか素直になれないような、そういうところもございました。けれども両親によって、本当に信仰へと導かれた幸いを心から感謝をしているものです。

再臨信仰、イエスさまがいつおいでになっても主の前にいつでも立つことができるようにということを日曜学校でも教えられ、また、両親からもそのようなことを聞かされて育ちまして、学校から「ただいま」と帰りまして、父や母やそれから家の者がいませんと、「あら？　再臨があって家の者たちが、皆携え挙げられて、私が悪いことをしているから、罪を犯して一人取り残されたのかしら」と思って、家の者を探して歩いたというような経験もございました。本当に再臨信仰に燃えて、そして教会はリバイバルのわざがもたらされていたと、子どもの私はそのように感じておりました。ですから、今日のお証の題は、「少女の目で見たホーリネス教会の弾圧」となろうかと思います。

私の桐生教会もホーリネス教会に属する教会で、群馬県桐生市、当時十万人ぐらいの絹織物の産地で、山に囲まれた平和な町にありました。けれども昭和の初期、そのような平和な時が過ぎまして支那事変、それから太平洋戦争と次々と戦争の続く時代がやってまいりました。そうした時に、子どもの私たちは、日曜学校へ足を運ぶわけでございますが、その当時子どもの世界にも、キリスト教は外国の宗教だというようなことで、日曜学校に通う私たちに石を投げてきたり、わんぱく小僧たちが棒切れを持って、「帰れ！」って言ってですね、私たち姉妹は泣く泣く家に帰る。そうしますと母は私たちに「なんで日曜学校行かなかったの？」聞くわけですが、「石を投げられたり、棒でたたかれそうになったから帰ってきた」と母に言いますと、「それでも日曜日を礼拝を守らなければ、神様の前にそのことは赦されないことよ」と言われて、一日外に出て遊ぶことも許されない、おやつももらうことができない、そのような罰を受けたわけでございます。けれども、私はそのように、本当に日曜日を守るという事、聖日を厳守するということを、幼い時に母にしっかりと教え込まれ、今もそのことが私の心の中に生きていることを心から感謝をするものでございます。

そうした非常に再臨信仰の盛んな時代でございましたので、桐生教会でも、集会ごとに恵みの座が開かれ、その恵みの座に出てみんな涙を流しながら、大人の人たちが悔い改めの祈りをし、またある人たちは両手を高く上げて、神様の御名をほめたたえながら感謝の祈りをささげている、そうした大人の方々の恵みにあふれている、そうした当時の姿を私のまぶたの裏に、はっきりと浮かび上がってくることでございます。そのような非常に熱心な恵みの時代、その時代が戦争と共に、弾圧という政府の手によって、厳しく取り締まられることになります。

私の父も教会の役員をしておりましたので、学校から帰りますとなんか知らない、いつも家にいらっしゃるお客様とは違う雰囲気の、目の鋭いような感じの怖いような感じのするおじさんがきているなあーと思っていたのですが、特高警察だったということが後からわかりましたが、父はしばしば、そのような特高警察の人によっていろいろと疑われ、いろいろなことを質問されていたようでございます。けれども父はいつもと変わらない穏やかなニコニコした顔で接しておりましたので、私はそうした中にも本当に平和な心で日々を送らせていただけたということを父に感謝し、また、毎日神にあって、本当に祈りを積んでひたすら神様の前に祈っている、その母の姿を思い起こして、本当にあの両親があればこそと、今も献身の道を歩んでいる私は、両親のそうした祈りのもとに守られ、今も導かれているんだなということを心から感謝をしているのでございます。

当時は学校の行事として、一日、十五日には、必ず学校全体で神社に連れて行かれまして、神社崇拝をさせられていました。私は、そうした中で、あのダニエルの話、「偶像に頭を下げるということは罪だ」と日曜学校のお話などで教えられておりました。ですから神社の前で頭を下げて礼拝をすること、そのことに対して、もうなるべく頭を下げない高い頭でおりますと、先生に注意をされます。そして仕方なく、「私は神社を拝んでるんじゃない、石ころを拾っているんだ」と言って、自分の手に石ころを拾って、そして「私は決して偶像なんか拝まない！」と、心の中で、決してこんな人間の作った、手で作った神様など拝まない、そう心の中で叫びたい思いでいた少女時代でした。

また、だんだん戦争が支那事変から太平洋戦争に移る頃だったでしょうか、一九四二年六月二六日、ホーリネス教会の一斉検挙があり、教役者の先生たちが一斉に検挙されましたが、幼い私にはよくわからないことでした。けれどもとにかく大変なことが起ったという事を思されていました。

私の故郷の教会があります桐生市の警察は、まあそれ程厳しくなく、先生は留置されるということもなかったようですが、取り調べを受けたり、また、書籍は全部持っていかれる、役員をしておりました父もキリスト教関係の本を全部取り上げられた、そういうことを聞いております。その土地によって随分差があったようです。後で聞きますと、検挙されて獄死なさった先生もいらっしゃるということですが、教会の牧師は、一切信徒の家に訪問するような事ができなくなり、また、信徒の者たちも教会にいっても、集会はもう閉鎖、教会は閉鎖されて集会を守ることができなくなる、そしてお互い教会の牧師先生と信徒との交わりができなくなって行く、そういう厳しい時代を私は子どもの目で見せられて、本当にこれからどうなっていくんだろうかという不安でいっぱいでございました。

けれども、あの火の炉の中に投げ入れられたダニエルを守ってくださった神様、また、エステルのように、自分の民族の救いのために「われ死ぬべきは死ぬべし」と、神様の守ってくださる御手を信じて戦った、その聖書の人物のお話を、日曜学校の先生を通し、聞かされ、また、両親を通して聞かされたことを思い浮かべながら、「神様は、どんな時にも助けを与えてくださるお方、教会の牧師先生たちも守ってください、また役員をしているうちの両親たちも守ってください」、そう言って、幼な心に祈ったことでございます。間もなくホーリネス教会は、主教会が閉鎖されました。

そして私の故郷にはカトリック教会を合わせて五つほど教会がございましたが、それが一つにされた「日本基督教団」という教会の方に行くようにという指導で、私たちは自分の教会の日曜学校ではなく、そちらの教会の方に行くようになりました。兄弟五人いるんですけれども、上の三人が手に手をとって自分の慣れ親しんだ教会ではない新しい教会の日曜学校にまいりました。牧師先生のお子さんが二人、そして私たち兄弟が三人、たった五人の日曜学校が続けられておりました。そうした中で、日曜学校に通うことは、いたずらっ子に石を投げられたりということはありましたが、最後まで、私たち兄弟が日曜学校に励んで、空襲が激しくなってそうした行動がとれなくなるまで、とにかく最後まで日曜学校に通ったことを今は、一つの私の誇りとして生きて行くことができるということを本当に感謝しているものです。

そのようにして解散を命じられた教会、また、集会を閉鎖された教会でしたが、終戦を迎えて、いち早く教会が再開され集会が始められました。当時の教会は、本当にもうびっくりするほど、教会がいっぱいになるほど、人であふれました。大勢の人たちがキリスト教会の門をたたいて、集まってくるという本当に不思議な現象が起こったのでした。それを見ながら私は、教会が迫害され、弾圧を受けた時は教会に来なかったのに、何で今、こんなに大勢の人たちが教会に来るのかしら。まるでヨナのようですが、神様がお喜びになっていらっしゃることを自分の喜びとしないで、なにか自分たちはあの迫害の中をつらい思いをしたのに、今そういうことを知らない人たちが、教会にあふれる、そして宣教師の方々がいらっしゃると、英語を教えてほしいからと言って、本当にそれこそ教会の中に入りきれないような人たちが、いっぱいにあふれたという、そうした戦後の状態ですが、私は心からそれを喜べない。神様の前にやがて悔い改めを迫られたことになったのですが、本当に神様は、いろいろの中を通してくださりながら今日まで、献身をして伝道者となって神戸教会で御奉仕をしております。いろいろの中を通らせられながら、学ばせていただき、また、本当に試練に遭うことを通して、練り鍛えられて行く人生であることを本当に教えられております。言い尽くせませんが、私の通らせていただいた時代、尊い体験であったと感謝しながら、皆様の前にお証をさせていただきました。

（第15回ホーリネス弾圧記念聖会・聖会立証　二〇〇六・六・二五　日本ホーリネス教団　神戸教会牧師）

聖会説教

神は真実である

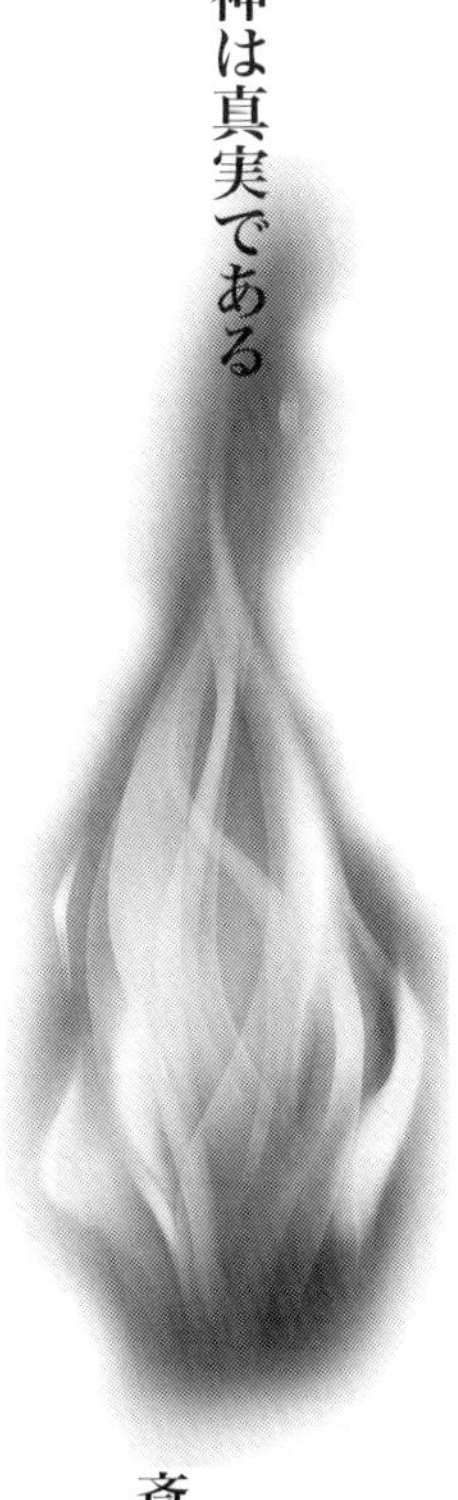

斎藤　信男

このたびは弾圧記念聖会にお招きいただきまして、ありがとうございます。私は初め、責任の重さのゆえにご辞退申し上げようかと思ったのですが、ホーリネス系教会が弾圧に遭いましたのは、今から六四年も前のこと。あの事件の証人となる人たちも、だんだん少なくなってきたと思います。もちろん実際には検挙された先生たちは、ほとんどご存命ではないと思います。その家族たちも数少なくなってきて、その子ども世代であるこの私も、この八月がまいりますと八十歳になります。私の残りの生涯もだんだん短くなってきたと思いますので、そんなことでご辞退する方が申し訳ないと思い、お受けすることにいたしました。小さなお証しでございます。弾圧の歴史的知識もあまりございませんがお聞きいただきたいと思います。

初めに聖書をお開きしたいと思います。テモテへの第二の手紙二章8節から10節まで、口語訳聖書でお読みいたします。

「ダビデの子孫として生れ、死人のうちからよみがえったイエス・キリストを、いつも思っていなさい。これがわたしの福音である。この福音のために、わたしは悪者のように苦しめられ、ついに鎖につながれるに至った。しかし、神の言はつながれてはいない。それだから、わたしは選ばれた人たちのために、いっさいのことを耐え忍ぶのである。それは、彼らもキリスト・イエスによる救を受け、また、それと共に永遠の栄光を受けるためである。」

9節に「この福音のために、わたしは悪者のように苦しめられ、ついに鎖につながれるに至った」とあります。この手紙は、エペソで労苦しているテモテに書き送られたパウロの手紙です。この手紙を書き送って間もなくパウロは殉教いたします。その頃から、迫害はとみに激しくなっていたわけですが、このパウロたちが体験しました弾圧が、現在の昭和の初めに私たちのこの国において、再び起ったわけです。しかも悪者として、天皇陛下を神としない最悪の犯罪人として、牢獄につながれたわけです。しかし、もう再びこういう時代は来ないだろうと断言できる人は一人もいないと思います。いつどんな時代がくるか、信仰の帯をしっかり締め続けていかなければならない、そう思います。

弾圧の思い出、それは暗い思い出でございます。合理的でない理屈に合わない、思い出したくはない思い出であると思います。でも今日、そんな中でも神様の恵みが数々あったとお話を申し上げたいと思います。

忘れもしません。一九四二年、昭和十七年六月二六日午前五時、二人の刑事が、父が牧会しておりました私たちの教会（斎藤源八、神戸御船橋）に踏み込んでまいりました。全国の聖教会、きよめ教会の一斉検挙です。ちょうどその日、近くの教会で連合総会がございましたので、父はそちらに出かけた後でした。もちろん刑事はそちらに急行しました。私はその時旧制中学四年生でした。五年制の四年生、今の高校一年生です。朝、起床しまして、二階から下へおりて行きますと、台所で母が一人祈っておりました。「父さんがね、二人の刑事に連れて行かれたよ」ということです。私にとっては、まさに青天の霹靂の思いでございました。何かの間違いだろう、そのうちに帰ってくるだろうと思いまして、後ろ髪を引かれる思いで登校したのです。

夕方、父の帰宅を期待しながら帰ってみますと、帰ってこないどころか、ホーリネス系の牧師たちは軒並み検挙されたと聞かされたのです。ただごとでない。弾圧が始まったのです。実を言いますと、その時から、残された教会の子どもたち、牧師の子どもたちが、学校へ通うことすら大変になったのです。実際、小さな町では噂がパッと広がります。「子どもたちが学校へ行けなくなった」、そんなことを多く聞いております。私自身も学校へ行くことが大変になりました。何しろ、天皇に逆らう国賊の子どもなのですから、いじめの対象になったのです。ただ、私たちの家族は恵まれていたと後になって思います。幸いなことに神戸という町は国際的な町で、あんな時代ではありましたがキリスト教にも寛容な町であったのです。学校の教師たちも生徒たちも「時局柄、仕方がないよ」と、むしろ私をかばってくれていたようでした。ただ友人たちからのいじめはありませんでしたが、だんだん私から遠ざかっていったのです。国賊の息子に近づくということは、危険であったわけです。親友のいなくなった私は孤独でした。でもそんなことで学校を休むということはありませんでした。

そんな時に、私は初めて自分の信仰について考えるようになったのです。それまで、私は牧師家庭の中でおっとりと育ちましたので、別に深く信仰のことについて考えたことはなかったのですが、弾圧によって、初めて自分はクリスチャンなんだという意識が強くされたのです。それからいろんな点で辛さが加わっていく日々でしたけれど、負けるものか、いじめるならいくらでもいじめてみろ！ と弾圧に対する敵対心のようなものが燃えてきたのです。私の親父は牧師、敵に対して親父の側にいつも着こう、そういう思いが強まっていったのです。

終戦後間もなく、私は神学校に入りました。献身の要因はいつもあの弾圧にあったように思います。あの弾圧が私の信仰を目覚めさせてくれたのです。

大変だった方々のことを少しお話させていただきます。

牧師たちが一斉に検挙された後、すべての教会は閉鎖され、集会は禁止されました。若い牧師たちは、二週間ぐらいから、どんどん帰ってきたのでございますが、それからの生活はどこも大変だったようです。長い間獄中生活なさった先生や、その残された家族は、もっと大変であったと思います。教会はなくなったわけです。それで信徒の人たちはみんな教会から離れていったのです。そして、すべて特高警察の監視のもとに置かれるようになったのです。教会は、まったくつぶされてしまったわけです。生活のために薬の行商をなさった奥さんもおられました。また、ご本人もそのようにして、生活の糧を稼いでいた方が多くございました。徴用に取られ安い賃金で工場で働いたことも、兵隊にとられて戦場へ行かれた牧師もございます。帰されないで長く獄中生活をなさった先生方や、その家族の方々は本当に大変でした。終戦後、ある集会で車田先生が講壇で語られたその言葉を思い出します。「私は、ある時、死を決意したことがありました」。自殺するということですが、まさかそういうことはなさらないまでも、その言葉を私は忘れることができません。車田先生さえ、あんなことを言われた、いかにひどい獄中生活であったかということです。もうお亡くなりになりましたが、静岡で長く牧会をなさった友人の辻 宣道先生が、その父上の獄死の模様を話してくれたことがございます。

　東北の寒く、雪の降り積った日、父上の遺体を引き取りに来いという通知がございまして、馬が引っ張る雪ぞりを履い、お母さんと一緒に引き取りに行かれたそうです。行ってみますと、冷たいコンクリートの床に裸同然の姿で、父君は横たわっておられたそうです。言葉では言い尽くせない厳しい獄中のご苦労がしのばれるのです。弾圧は一九四二年六月二六日の早朝、一斉に始まったわけですが、弾圧にあわれた牧師たち、またその残された家族たちが周りから受けた仕打ちは、平等ではなく、地域の環境、警察署、拘置所によって随分開きがあったようです。

　話を検挙されたところへ戻します。その日から弾圧された私たちの受難の日々が始まります。牧師たちは、牢獄における壮絶な戦いが始まります。そして残された牧師家族にとっても敵国の宗教を信じる非国民という白眼視のもとでつらい迫害生活が始まったわけでございます。

　私はこれまで八十年近い生涯を送り、いろいろな災害、試みに遭いました。余計な話であるかわかりませんが、小学校六年生の時には神戸に大水害がございました。神戸の人たちは、一九三八年の大水害と言いまして、今でも語り草となっております。すさまじい大水害でした。多くの人たちが流され、たくさんの家々も押し流されたのです。また、戦争末期の頃ですが、私は国鉄職員として東京駅に勤務しておりました。弾圧で父が検挙されたので、家族を支えようと思い、進学を諦めて国鉄マンになったわけです。毎日のように激しい空襲が繰り返される中、私は毎日、東京駅に通っておりました。軍部からは、東京駅を死守せよという命令が出ており、毎日が命がけでした。通勤するごとに、この出勤が最後になるかも知れないという悲壮な思いを常に持っておりました。一九七〇年には、交通事故にあったことがございます。止まっていた私の車に大きな車がぶつかってきました。車は大破、誰が見ても即死か、重傷という惨憺たる状態。私が運転し、家内と次男が同乗していたのです。何メートルか、何センチ、何秒というもう少しの所で三つの棺を出すところでした。また、阪神淡路大震災の時は、教会は活断層の真上にございました。あの激震、神戸中の惨状を今でも思い出します。

しかし、私の一番印象に残る試み、それはやはりあの弾圧でございます。今でもそうですが、弾圧のあの思い出は、なるべく考えないようにしております。今でも私は、生理的に無意識のうちに、あの事件のことを脳裏から締め出そうとしている自分を見るのです。父は保釈で帰るまで、丸二年獄中におりました。はじめは東京の代々木警察署、後半は巣鴨拘置所におりました。保釈で帰ってまいりました時は、この世の人とは思えない姿でございました。その姿はまるで墓場からはい出てきた亡者のようでした。身体は痩せ、顔は青っぷくれ、自分の力ではまったく歩くこともできませんし、声を出すことすらまったくできませんでした。恐らく何日か出所が遅れたならば死んでいた、そう思います。出所してから長い間療養生活をいたしましたが、元気になってからも私は、私たちの家族もそうですが、父が拘置所でどんな生活をしていたのか、どんな仕打ちを受けたのか聞いたことがありませんでした。聞く勇気もなかったのです。父も一言も話してくれませんでした。父が持ち帰ったものは、背中のぬけた寝巻きだけであったのです。確かに弾圧の思い出は、暗い、本当に深刻な、思い出すだけでも身体が震えるようなつらい事が多かった日々でございます。でもその受難の時に神様の恵みがいっぱいございました。今日は神様が私たちに素晴らしい恵みをくださったことをお話したい、そういう思いで出てまいりました。

聖書をもう一箇所お読みしたいと思います。コリント人への第一の手紙第一〇章13節

「あなたがたの会った試錬で、世の常でないものはない。神は真実である。あなたがたを耐えられないような試錬に会わせることはないばかりか、試錬と同時に、それに耐えられるように、のがれる道も備えて下さるのである」

もとに戻りますが、父ははじめ神戸の長田警察署に留められましたが、すぐに東京の代々木署に移されたのです。そのため母が一番心配しましたのは、遠く離れるために差し入れができないとい

うことでした。あの極端な食料事情の悪い時です。署内だけの食事ではいつまで生きることができるでしょうか。絶対に差し入れが必要であったのです。長田署の警部も母に、「もしも東京に親戚があれば言いなさい」と言ってくれました。確かに東京には母の妹夫婦がおります。でも母は妹夫婦には迷惑をかけられない、絶対に言うまいと堅くそう思っていたのです。というのは、母の妹の夫は、私にとっては叔父ですが、鉱山を所有しており、軍需品を掘りだしていたわけですから羽振りの良い生活をしていたのです。相撲や明治座の株を持ち、たった一人の娘は、長唄の名取という東京下町の粋な生活をしていた。そういう家庭でした。私たちの牧師家庭とは、あまりにも世界が違い過ぎて、ほとんどお付き合いした事がないのです。しかも叔父叔母はノンクリスチャンでございます。ですから絶対に助けを求めようとしなかったのです。

東京の牧師たちは、すべてが弾圧の被害者です。頼りにはできません。母は心配で心がいっぱいであったと思います。ただ祈るばかりであったと思います。検挙されました翌日、警察署の警部補と巡査が、東京から父を迎えにきました。東京の代々木警察署に連行される父の姿は見ておりませんが、私は、もしかしたらもうこれで最後、もう帰って来ることはないかも知れないと、実際そういう思いでおりました。東京に向かうため二人の警官に囲まれ警察署から出てきた父に、母はそっと近づいてささやきました。「エリヤのカラスよ」。警察官には通じません。けれども父はうなずきました。弾圧に遭ってケリテ川のほとりに身を隠したエリヤを、神様はカラスを送って養いたもうた、あの「エリヤのカラス」です。「エリヤのカラスよ」とそっとささやいた。それだけでした。神戸から東京に連れて行かれる父に、何もしてあげることができない母は、ただ神様に祈ってお任せする以外にはなかったのです。戦争中のきわめて食料が欠乏していた時代、しかも警察権力の恐ろしい時代です。差し入れなしには身体はいつまでもつでしょうか。ただ、信仰に立って祈るしかなかったのです。

ところが、「エリヤのカラス」が本当にいたのです。母が信じたように神様は、「エリヤのカラス」を送ってくださったのです。父が東京に連行されて、幾日もたたないある日の事でした。先ほどお話しました叔父叔母夫婦がひょっこり尋ねてきたのです。何年振りだったでしょうか、それは相撲のあるひいきの関取が引退して米屋を始めることになり、そのお世話で大阪まで来た、そのついでだから久し振りに寄ってみましょうと神戸に立ち寄ったのです。二人はしばらく教会におりまして帰って行ったのですが、すぐにまた戻ってまいりました。何か母の様子が変だというのです。何か空気が違う。それで心配でまた戻ってきたというのです。「何か隠し事をしているのではないか。どんなことでもいい。話してくれないか」と言う。それで母はついに隠しきれないで、ありのままを話したのです。そうしますと叔父は、「どうして黙っていたのか。私たちは親戚じゃあないか。あなたたちのためなら何でもする。たとえ殺人の罪を犯したものであったとしても面倒を見させてもらうよ。しかも兄さんは私がいつも尊敬している牧師じゃあないか、帰ったらすぐに差し入れする」。そういう約束をしてくれて帰っていったのでございます。そして約束通り、それから一日置きに立派な弁当を作っては運んでくれたのでございます。父が代々木警察署にいる間、ずーっとそれを続けてくれたのです。お金に困っていない叔父叔母は、当時手に入らないようなごちそうをいっぱい詰めては運んでくれたそうです。ある日、警察官の一人が、こんなことを言ったそうです。「斎藤さんはうらやましいよ。俺たちにはそんなごちそう食えないよ」。

代々木署には一九四三年四月までおりましたが、その間、体力も衰えることなく守られました。神様は本当に思いもよらない不思議なことをしてくださるのです。後になって思ったことですが、母は追及され、隠し切れなくなって叔父に告げた訳ですが、もしもいきなり頼み込んで行ったとしたら、どうなっていたでしょう。あるいは違った方向に進んだかも知れません。とにかく神様は最善を行なってくださる方だ、その時つくづく思ったのでございます。

父は代々木署から巣鴨の拘置所に移されました。そこでは残念なことに差し入れは許されませんでした。そして一九四四年四月の終わりに保釈で出所されてきましたが、保釈で帰された父の姿は、さっきも言いましたように、まさに死の世界からさ迷いでてきたような、哀れな死人のような姿でございました。これ以上衰弱しようもないというほど衰弱し、顔は青っぷくれ、声も出ず、自分の力で一歩も歩くことはできなかったそんな状態でございました。はっきり言いまして死の一歩手前であったのでございます。

なぜ保釈されたか。叔父が保釈金を積んでくれたのです。「エリヤのカラス」がパンと肉を運び、ついには牢獄から救出してくれたのでございます。健康が回復するまでには何ヶ月もかかりましたが、保釈後も父は度々裁判所に出頭しました。求刑六年、罪名は治安維持法違反。再臨のキリストの地上支配という信仰は、当時の日本では致命的な問題であったのです。天皇の上にキリストを置くという証言は、戦前の日本では許されない大罪でありました。叔父は父の保釈後も実に良く面倒を見てくれました。叔父は少しずつ元気になってきた父を、鉱山の現場監督として迎えてくれました。私たち家族もそこに移り住むことになりました。あの食糧難の時、さつまいもだ、じゃがいもだ、野菜だと、トラックでどさっと運んでくれる台所は、いつも豊かでした。神様は、私たちに「エリヤのカラス」を送り続けてくださったのでございます。「かめの粉はつきず、びんの油の耐えない」という御言葉を現実に体験させてくださったのです。

もう一つお話させていただき、終わりたいと思いますが、先ほど叔父は、父を鉱山の現場監督として家族もそこへ移り住んだと申し上げましたが、私はその時から少々遠いですが、そこから東京駅に通うようになりました。それまでは、東京両国の叔父の家から通勤しておりました。一九四五年に入り、空襲はとみに激しくなってまいりました。そしてその年の年三月十日、東京に大空襲がありました。かつて私が住み、通勤しておりましたその両国の叔父の家は焼失してしまいました。そしてその夜、留守番をしておりました親戚の二人も亡くなってしまったのです。もしも、私がそのままそこに住んでおりましたならば必ず焼け死んでいたと思います。小さな私たちですけれども神様は限りない恵みと憐れみのゆえに今日まで守り支えてくださったということを心から感謝しております。

一九四五年八月十五日、判決前に終戦となり、裁判は自然消滅となりました。当時の日記に父は、次のように記しております。それをお読みして終わりたいと思います。

「信教の自由は与えられ、我らの世界となれり、なんと不思議なる神の御業よ、再び世に出られるとは思いもよらず、生涯暗きに閉じ込められておるならんと思いしに、かくもすみやかにまった き自由を与えらるるとは」。父が残した日記にはそのように書いてございました。神様の深い摂理の御業、神様の限りない恵みと憐れみに心から感謝している次第でございます。命ある限り、主の御愛にこたえ、私たちの救いのために大きな犠牲を払ってくださった主に、生きている限り仕えていく生涯、証人としての生涯、それがまっとうできるようにひたすら祈るのでございます。
これからの時代、何が起こってくるかわからない、本当に不安に満ちた時代でございます。今は平和に過ごしております。けどもいつ時代が変化するかわからない、そのように感じる今、信仰の帯を腰にしっかりと締めて、生涯主に仕えていきたいと、そう思います。一言お祈りいたします。

恵み深い天の父なる神様、あなたの限りない愛、恵みと憐れみのゆえにこのような私たちをあがないだしてくださり、今日まで支え導いてくださいましたことを心から感謝いたします。あなたの大きな愛をいつも思い、大きな犠牲をいつも思い、心からあなたに従い続けていくことができるように、私たちの信仰を整えてくださいますことをお願い申し上げます。主イエス・キリストの御名によってお祈りいたします。アーメン

（第15回ホーリネス弾圧記念聖会・聖会説教　二〇〇六・六・二五　日本ホーリネス教団　神戸教会牧師）

講演会講演

宗教弾圧を再び繰り返さないために

根田　祥一

クリスチャン新聞の編集者として二三年勤めてまいりました。日本ホーリネス教団東京聖書学院教会に導かれて洗礼を受け、二六年が経ちます。この講演の依頼を受けた時に、「学者でも牧師でもない私でよいのでしょうか」とお尋ねしましたら、クリスチャン新聞の仕事をしているので、現在、世界中でどのような迫害が起こっているのか様々な情報を得ているだろうと言われました。私自身、ホーリネスの教会で育てていただいたので、私なりに、私たちの先輩が弾圧を受けたというあの出来事にはどんな意味があったのかを、二十数年考え続けてきたことでもありますので、お引き受けした次第です。ホーリネスの弾圧、「昭和の宗教弾圧」と言われている出来事と、今日、世界で起きているクリスチャンに対する迫害との関係、それらがどのような関わりがあるかということを、この午後は皆さんとご一緒に考えさせていただきたいと思っています。

ホーリネス弾圧事件は今から六一年前のことですが、果たして「過去の出来事」と言ってしまってよいでしょうか。あるいは、戦時中の日本で起きた特殊な出来事と考えてよいのでしょうか。これが私の、皆さんに対する問い掛けです。どうぞ、ご一緒に考えていただきたいと思います。

今から十年少し前になりますが、お茶の水にあったクリスチャン新聞の事務所に一人のイラン人男性が訪ねてきました。たどたどしい英語で「お話ししたいことがあります」と言われました。彼が私を訪ねてきた理由は、イランで迫害を受け、仲間のクリスチャンたちが献金を集めて、「あなたは命を狙われている。このままでは確実に逮捕されて死刑になるか、あるいは暗殺されるかのどちらかであるから、とにかく国外に脱出しなさい」ということでチケットをもらい、日本という国がどこにあるか、どういう国であるかも知らずに、取るものも取りあえず妻子を置いて飛行機に乗せられて日本にきた。日本には誰も知り合いはいない、というお話しでした。

彼は誰も知り合いのいない東京の町を歩いていて、ちょうどこの大久保の建て直す前の淀橋教会の旧い建物のところに来て十字架があることに気がついた。そして、「これは教会だ。助けてもらえるに違いない」と思い入っていった。そして、たどたどしい英語で、自分が迫害を受けて国外に逃がしてもらったという事情を説明したところ、当時この教会で奉仕をしていた北米から来ていた日系人の宣教師がその話を聞いて、「それは大変だ。もし強制送還されるようなことになったら、確実に逮捕されてしまう。命が危ない」ということでクリスチャン新聞を紹介されてきたのです。

クリスチャン新聞には、イランで非常に厳しい迫害が起きている。今までに牧師が何人も絞首刑に遭っている。暗殺されているといった記事が載っていましたので、「その記事のコピーが欲しい。それを持って入管に行き、自分はこのような事情の国から逃がしてもらって日本に来ている。宗教難民であるから強制送還しないで日本に置いてほしい」という、そのような手続きを進めたいというお話しでした。私はその事情を伺い、イランでどのようなことが起きているかが掲載されている記事をできる限り集めてコピーを取り、彼に渡しました。

しばらくして、法務省は、特例――前例にしないという条件――で、特別在留許可を認めてくれたという喜びの知らせが入りました。その後、奥様や子どもを呼び寄せました。当時、日本にはイランから多くの方々が出稼ぎに来ていて代々木公園などにいましたので、彼は日本でイラン人に伝道するという重荷を持って滞在しました。その時に、彼はこのような話をしてくれました。イランではイスラム革命以降、イスラム圏の中でも宗教的に非常に厳格な規制があります。イスラム教徒が改宗してクリスチャンになるなどということは許されない。改宗しただけで逮捕される。あるいは、イスラム教徒に伝道したということが分かると逮捕され、牧師である場合には死刑になってしまう。

絞首刑になった牧師が何人もいる。そのような事情とともに、その中でどうしてクリスチャンたちが伝道をやめないのかという話をしてくれました。

彼自身もイスラム教徒から改宗したクリスチャンですが、なぜ危険を冒してまでイエス・キリストを信じたのか。あるいは、信じてから半年くらいの訓練を受けて信徒伝道者になり、友だちに伝道してきたのはなぜなのか、危険を冒してまでイエス・キリストを伝えてきた理由を話してくれました。それは自分の信じている主イエス・キリストは「復活の主」だからだ。やがて来られるお方だからだ。今、イランは厳しい迫害のただ中にあるけれども、イエス・キリストはやがてこの地上にもう一度来てくださる。その時に殉教した私たちの仲間はよみがえらされる。私たちもいつ死ぬか分からないけれども、復活の希望がある。イランのクリスチャンはその希望のゆえに、どんなに厳しい迫害の中でもイエス・キリストを伝えることをやめないのだというお話しをしてくれました。私はとても感動して、その記事をクリスチャン新聞の一面トップに載せたことを今でも昨日のことのように覚えています。

ホーリネス弾圧が起きたのは今から六一年前ですが、今日も世界の各地でクリスチャンがその信仰のゆえに迫害・弾圧を受けています。世界福音同盟信教の自由委員会は「二〇世紀は過去最大の迫害の時代である」と発表しています。イエス・キリストが地上の生涯を歩まれた紀元一世紀から一九世紀までに殉教した人の数よりも、二〇世紀の百年間で信仰のゆえに命を落とした人の数の方が多いと言われています。人口の総数に違いはあるものの、それだけ二〇世紀は厳しい時代であるということがデータからわかっています。

ちょっと意外な感じがします。私たちは平和だと思われている日本に暮らしていますからイメージし難いのですが、実は世界の実情は、クリスチャンであるというだけで、あるいはイエス・キリストを宣べ伝えたというだけで逮捕されたり、暗殺されたり、死刑に処せられたり、そして命を落としたりしています。つまり殉教が数多く起こってきたのが二〇世紀なのです。二一世紀に入りましたが、世界の状況は今日も基本的に変わっていません。

中でも、宗教的排他主義者――一般に原理主義と言われておりますが、原理主義という表現は必ずしも正確ではないと思います。キリスト教ならキリスト教、イスラム教ならイスラム教の「経典に忠実である」ということが原理主義なのですから、本当に忠実であるならば、簡単に人を暗殺するなどということはイスラム教といえどもないはずです――イスラム教の根本教理を誤って受け取った排他主義者による攻撃が厳しく続いています。

あるいは、いわゆる共産圏、社会主義圏と言われる中で――これもイデオロギー的に共産主義が正しいか、資本主義の方が良いかという問題ではなく、問題は全体主義的であることです――個人の思想とか信条とか、何を信じたいか信じたくないかということよりも国家が決めた方針が優先する。それが全体主義です。問題は全体主義的な政治権力によって、弾圧の矛先が、特に福音的な、聖書をそのまま信じようとするクリスチャンに向けられるケースが目立っていることです。

今日の講演は、ホーリネス弾圧と現在起きているそのような迫害の両者の関連性を明らかにすることですから、いろいろな迫害がある中で、テロリストのような過激派集団による一部の特殊な事例については除外いたします。国家権力によってキリスト教会やキリスト者が迫害を受けるというケースを取り上げて、どこに共通性があるのか、迫害が起きる時の普遍性があるのかということを探ってみたいと思います。

先ほどお話ししましたイスラム圏が今日の迫害の舞台です。政権、政府そのものがいわゆるイスラム原理主義と言われる厳格な排他主義に立つ国がいくつかあります。サウジアラビア、すでに崩壊しましたがタリバン政権が支配していた時のアフガニスタン、アフリカのスーダン、中東のイランなどがそうです。イランで迫害を受けた牧師の実話をクリスチャン新聞に載せたことがあります。メフディ・ディバジさんというアッセンブリーズ・オブ・ゴッドの牧師でした。彼は、当局から何度止められても伝道をやめない。イスラム教徒であろうと臆せずに福音を宣べ伝えた。そのことのゆえに逮捕されて獄中にあった方です。ちょうど、先ほど司会者が最初に朗読した使徒行伝五章とまったく同じ状況です。「この名によって……」（五・28）と当局から禁じられた、そういう状況下にあった牧師です。

彼は死刑判決を受けました。そして間もなく刑が執行されるであろうという中で遺書を書きました。遺書といいましても、一つは自分たちの信仰の友に宛てた遺書。もう一つは当局に宛てた遺書でした。イラン政府当局に宛てた遺書の中に、彼は復活の希望、やがてイエス・キリストが私たちのために来られるのだということを書き連ねたのです。「それゆえに私はこの希望に立っています。ですから死刑判決を受けましたが何も恐れるところはありません。どうぞ速やかに刑を執行してください」という内容の遺書でした。「しかしながら、親愛なる閣下。もしあなたのお許しとお恵みを得ますならば、友人の○○牧師にこの獄中に来てもらって、最後の聖餐式を執行していただきたい。その後に刑を執行していただきたい」。そのような遺書でした。

そのイラン政府当局に宛てた遺書が、教会の友に宛てたもう一つの遺書とともにイランの教会の手に渡りまして、イランの教会が英文に翻訳して全世界に発表いたしました。私のところにも、その英文の遺書が回り回って届きました。私はその事の重大性に身震いがしました。まるで使徒行伝を読んでいるような、使徒たちやパウロが勇敢に証しをしたような、法廷に立っても臆せずに、あるいは獄中にあっても自分の命を惜しむことなく最期まで信仰を証しし、イエス・キリストを証ししたあの姿勢と全く同じニュアンスの筆致がそこに見い出されたのです。

私は、すぐにその英文の遺書を日本語に翻訳してクリスチャン新聞に掲載しました。多くの方が感動を受けて、「あの記事はすごかった」と言ってくださいました。それから間もなく、世界中から助命嘆願の手紙がイラン政府に届くようになりました。そして、イラン政府当局もこれを無視することができずに、ディバジ牧師を釈放するに至りました。ところが、釈放の直後、ディバジ牧師は暗殺され、この世から去ったのです。これがイランの現実です。けれども彼の証しは、私たちの心に深く残っています。

このような厳しい状況にあるイスラム原理主義国家ですが、その国家が弾圧する教会と、弾圧しない教会、いや、見て見ぬ振りをして容認する教会の二種類の教会があります。どういうことかといいますと、通常、そのような中東の国々にも何百年あるいは千年も前から「我が家は代々キリスト教徒だ」という家庭があります。伝統的なクリスチャンが住んでいます。そのような伝統的な諸教派、教会の中で、家族が主日ごとに礼拝に出席する、ミサに与って帰ってくるというだけであるならば、イランのような原理主義の厳しい排他的な政府も黙認します。そこまでやめさせようとはしない。そのような家庭の子どもたちが親と同じように、成長した後に教会生活をするということも咎め立てはしません。何に対して弾圧をするかというと、先ほども言いましたように、クリスチャンでない人に福音を宣べ伝える、特にイスラム教徒に伝道をするとか改宗をさせると、それは死に値するということで、手の平を返したように厳しい弾圧が加えられるのです。

第二項目に入ります。共産圏、全体主義国家による迫害の実情です。共産圏、社会主義の国々は一九九〇年代に民主化が進んで少なくなりましたが、今でも存在しています。そのような国々では、通常、多くの場合「公認教会」というものが存在します。政府が公に認めた教会です。公認教会があるということは、公認されない「非公認教会」もあるということです。そのような非公認教会を「地下教会」とか「家の教会」という呼び方をします。公認教会は政府が公認しているわけですから、迫害を受けることはありません。ただ、政府が公認するということと裏腹に、公認を受けようとしない独自の道を行こうとする人々は厳しい取り締まりの対象になっていくわけです。

このことの本質は何かと言いますと、健全な信仰とはこういうものだという信仰の内容をイエス様が決めるのではない、神様が決めるのではない、教会の指導者・牧師が決めるのではない、共産主義の政府が決めるということです。公認教会とは、「これならやってもよろしい」「こういう教会であるなら健全であるから存続してもよろしい」ということを政府が決める教会です。何が健全な教会かという信仰の内容を国家が規定する。そして管理する。ここから先に踏み出てはいけないと、教会のあり方や信仰の内容が管理の対象になっていくのです。

例えば、神様がこの天地万物を創造なさったのだという教え、これは共産主義にとっては不健全な教えです。あるいは、文字通りイエス様は復活なさった、私たちも復活に与るのだという教え、あるいは、イエス・キリストが王の王として再臨なさる、この地上に本当に再臨なさるという教え。また、この世はいつまでも続くのではなく、やがて神様による審判の時が来るのだという終末論。こうしたものは、全体主義国家にとって不健全な教えということになります。そして、教会で教えることを禁じられる場合が多くあります。また、「みんなが社会主義の教育をキチンと受けて目が開かれていけば、神を信じるなどという迷信に陥る者はひとりもいなくなる」というのが社会主義の原則・建前ですから、若いうち、学生のうちに「神様がおられる」などと教えられては困るのです。ですから、未成年に伝道することを禁じるケースが多々あります。

そうした中で、非公認教会、地下教会のクリスチャンは、どんなに圧力をかけられても政府の公認を受けようとせず、拒み続けています。その理由は、天地創造や復活や再臨などといった聖書の教え、神の言葉の一部を割り引きすることができない。それも大切な神の御言葉であるのだから、私たちは丸ごと全部信じるんだ。共産主義政府がなんと言おうと、これを否定することはできない。一部を放棄することはできない。だから、人に従うよりは神に従いたい。国家の命令に従うよりは聖書に従いたいので、彼らは敢えて公認を受けない。迫害を受けても公認を受けないというクリスチャンがおります。それゆえに、国家権力は彼らを憎み、弾圧を加えるのです。

第三項目にはいります。それでは、私たちが生きている現代の日本にはそうした迫害はないのではないか、という疑問について考えてみたいと思います。

一九八〇年代のことですが、山口県に中谷康子さんという方がいました。彼女は給食の調理員をしていた、ごく普通のクリスチャン女性です。夫が自衛官でした。その自衛官である夫が職務中に事故に遭って亡くなられた。殉職をしたということですね。殉職自衛官です。自衛隊には「隊友会」という関係組織がありますが、この時、隊友会は中谷康子さんがクリスチャンであることをお構いなしに、この殉職した中谷さんの夫を県の護国神社に申請してお祀りをした。靖国神社は戦死した兵士を祀る神社ですが、全国各県にある護国神社も靖国神社の系統で、戦争の神社です。殉職した自衛官だから、護国神社に祀るのは当然であると、合祀の手続きを取ったのです。

中谷康子さんは、そのことを知らされて非常に悲しまれた。クリスチャンである彼女は、当然、神社にお参りをしません。夫が神社に祀られているといっても、そんな所に手を合わせる気にはさらさらなれないのです。それよりも、何とも言えない嫌な気分、自分の信仰とは何の関わりもない神社に自分の夫が祀られてしまったことのゆえに彼女は抗議をしました。「そういうことはやめてもらいたい。私はクリスチャンですから、クリスチャンとしてひっそりと静かに亡き夫を偲びたい。神様の前でお祈りを捧げて偲びたいのです。どうぞ、護国神社から取り下げてください」とお願いしたのですが、護国神社から「一度お祀りしたものを、取り下げることはできない」との返事を受けた。そして、隊友会からも「これは正規の手続きに従って行われたもので、殉職した自衛官はみんなこのようにする。これは当然だ」ということで、折り合いが付かなかったのです。

それで、やむなく彼女は裁判所に訴え出ることにしました。「自衛官合祀拒否訴訟」という名前で呼ばれています。神社に祀ることを「合祀」と言いますが、訴えの内容は、「護国神社に祀られてしまった自分の夫の合祀を取り下げてほしい。合祀をやめてほしい」という内容です。これに対して十年近い裁判がありましたけれども、遂に最高裁まで行きました。最高裁判所が一九八九年に判決を出しましたが、その内容は非常に玉虫色の判決でした。「中谷さんの気持ちはよく分かる。けれども殉職した自衛官が護国神社に祀られるということは正当の範囲内である。日本人であるならば、そのくらいのことは我慢しなさい。受忍限度内――という言葉をよく判決文、司法は使う――である。我慢のできる範囲内であるから我慢しなさい」という判決を下しました。

皆さん、どうお考えでしょうか。皆さんのご家族が、勝手に誰かによって仏教でご供養されてしまった、神道でお祀りされてしまったとしたら、気持ちのよいものではないですね。やめてほしいというのは当然のことだと思います。私たちが民主的と思っているこの日本で、個人の権利、基本的人権、思想・良心・信教の自由といった憲法に保障されている基本的な人権の根幹が日本国憲法の中に明文化されているにもかかわらず、現実の日本社会では「そんなことは我慢して当然ではないか」という空気が、現在でもあるのです。これは日本社会に根深く、私たちの内側に気づかない間に潜んでいる「公《おおやけ》」という概念。私事《わたくしごと》よりも公の方が優先されて当然なのだ。隊友会が殉職自衛官の魂を護国神社にお祀りするというのは公の出来事だ。お国の決めた公が優先で、妻がひっそりとクリスチャンとしてイエス様にお祈りするのは私事だという二元論です。私事は、公の論理の前には遠慮すべきだと、日本の最高裁判所が判決文で述べているのです。彼女は、右翼からもおびただしい嫌がらせを受けました。「非国民！」「おまえのような奴は日本から出ていけ！」など、たくさんの手紙が届いたそうです。確かに、そのような右翼の嫌がらせも恐ろしいことです。しかし、日本の国が「公の論理の方が優先する」と司法の場で決めた、これは迫害でなくて何でしょうか。

もう一つの実例をお話しいたします。最近の出来事です。一九九九年に国会は、「君が代」を日本の国歌とする、「日の丸」（日章旗）を日本の国旗とするという法律を制定しました。通称、「国旗・国歌法」と呼んでいます。それまで、明文規定のなかったものを明確にしました。その時に、当時の文部大臣は「強制はしません。学校の児童・生徒に、『君が代』を絶対に歌わなければならないとか、『日の丸』が掲揚された時には敬礼しなければならないなど、強制することはいたしません」と国会で答弁しました。それでこの法案が通ったわけですが、現実に、学校の教育現場で何が起こっているかは皆さんもご存じだと思います。非常に厳しい現実があります。確かに、直接、子どもたちに強要することはなかったかも知れない。しかし、もっと姑息な手段で強要がなされているのです。子どもを指導する立場にある教員たちに対しては、執拗に、「子どもたち全員が『君が代』を歌うようになるまで指導せよ。そのように指導しなければ職務怠慢である。職務怠慢ならば処分をします」と迫り、実際に処分を受けた教員が何人もいます。

そのような中で、クリスチャンの教員たちが厳しい立場に立たされました。クリスチャンであっても「君が代」が好きという方もいますし、それはそれで構わないのですが、問題は、「私は歌いたくない。私は演奏したくない。私はそれにコミットしたくない」という個人の良心が、どこまで尊重されるかということです。東京都国立市で小学校の音楽専科の教諭であった女性がいます。彼女のお父様が牧師で、お祖父様も牧師だった。戦時中、非常に厳しい辛い思いをしてきたということを、彼女はお祖父様から聞かされてきた。そのようなクリスチャン女性でした。そのことが頭にありましたので、校長から「あなたは音楽専科の教員なので、来年の卒業式や入学式では『君が代』のピアノ伴奏をするように」と指示された時に非常に悩みましたが、意を決して一文をしため校長のところに行き、「私はクリスチャンです。私の祖父も父も牧師でした。祖父から聞かされた話によると、戦時中、『君が代』は教会の礼拝の中で『国民儀礼』と称して、国歌斉唱させられた。あるいは、宮城（皇居）に向かって遙拝をさせられた。それらを強いられた。心ならずもそれらをしてしまったと、祖父は悔やんでいた。だから、私はクリスチャンとして、戦時中に『現人神』と言われた天皇、神ならぬものを神として賛美するために用いられた『君が代』をピアノで弾くことはできません。テープ伴奏を用いるなど、他の方法でお願いします。私には弾けません」とお断りしました。ところが、この「わたくし」の願い、個人の願い、クリスチャンとしての信仰の良心に基づいた願いは理解されませんでした。

私はこの取材をした時に、このクリスチャンの先生からもお話しを伺いましたが、校長先生にも言い分があるだろうと思い、その小学校に電話をして「クリスチャン新聞の者ですが、この件に関する校長先生のご意見をお聞きかせいただきたい」と取材しました。校長先生は少し興奮しておられましたが、以下のようなコメントをしてくださいました。「何を信仰しようと自由だ。私だって信仰がある。けれども、信仰とは私事だ。自分の家で何を信仰しようが自由だけれど、学校は職場である。学校は公の場だ。公の職場なのだから、私事を持ち込んでもらっては困る」、これが校長の論理でした。ここにも個人の信仰や信条は「私事」という理解、私たちがイエス様を信じることは私事だという考え方があります。私事が私事であるうちは誰も文句を言いません。しかし、それを公の場で、それを自分の信仰の良心に基づいた生き方として貫こうとする時に、「ノー」と言われるのが日本という国です。

この出来事は、個人の「良心の自由」、基本的人権に対して公が優先するという極めて日本的な感性が、露骨に、現代の日本に現れてきていることの一つの証拠ではないかと思います。日本社会における「公」という概念は、個人の信条の自由、思想の自由が尊重されるような成熟した市民社会の中で語られる「公共」という概念と、公という字は同じですが、全く違った、似て非なるものです。国家の要請の前には、個人の信仰の良心など踏み躙《にじ》られても当然というような、極めて未成熟で、反聖書的な概念であるということを私たちは忘れてはなりません。

もう一つの実例をお話しいたします。

一九九五年、オウム真理教の信者たちが地下鉄にサリンを撒《ま》くという痛ましい事件が起こりました。やったこと自体は非難されて当然で、法の裁きを受けるべき事柄です。ところが、その後に起きた日本社会の反応、あるいは、日本の公権力の反応というものには見過ごしにできない現実があります。オウム真理教から脱会した「元信者」たちの居場所がない。周囲の住民に「出ていってくれ」と言われ、転居するために住民票を異動しようとしても、転居先の自治体で転入届を受理してもらえない。自治体によっては、「この人はオウム真理教の元信者だ。今でも何をしでかすか分からない」ということで住民票を受理しない。これには、法的な根拠はないのです。法律を超えた住民感情です。この町に入ってきてほしくないと、住民が嫌がっていると追い出す。オウム真理教に限らず、つい最近も「白装束の怪しげな集団」のことが騒がれました。不法行為をしたわけではないが何となく怪しい、何をされるか分からないといって住民票が受けてもらえないということがあった。

戦前、ホーリネスの弾圧が起こる前に似たようなことが多々あったと聞いています。いわゆる「邪教」と言われ、「あそこの信仰は正統ではない。おかしい」と。お国のあり方に盾突いているような怪しげな連中だと言われると、日本社会から爪弾きにされてしまう。そして、市役所や町役場なども それに連動して、法律を超えて住民票を受け付けないというようなことが実際にある。法律というものは、実際に行った行為に対して「それは法律に反するから裁きを受けなければならない」というのが法の精神です。法律に反することをする前に、「あなたの信じていること、思想が危ないから、予防するために措置をとります」というのは、法律を踏み越えています。そうしたことが現代の日本で、まるで当然であるかのように行われているのです。これは非常に大きな危機です。したことに応じて裁かれるという法の精神がないがしろにされ、思想が裁かれる時代、あなたの信じていることが国家から正しいとか、正しくないとか、正統であるとか、邪教であるとか、危ないとか……。そのように言われる、見られる、そのように処遇されるという時代が、すでに来ていると私は感じています。

近年、様々な法律が立て続けに成立しましたが、その中に「宗教とは何か。健全な宗教とは何か」ということを政治が定義しようとする流れがあることを、私は非常に憂えています。「特定非営利活動促進法（NPO法）」が然り、「個人情報保護法」が然り、「有事関連法」も然りです。これらの法律に対して、皆さんの中にも賛成の立場、反対の立場、いろいろあると思います。それはそれで良いと私は思います。ただし、どちらの立場に立つにしても、それらの法律が個人、私、あなたの思想の中に、信仰の中に立ち入ってきて、それが良いとか悪いとか、やめなさいなどということに働くとしたならば、それは恐ろしいことであると思います。

四番目に、今まで述べてきたイスラム圏、全体主義国家、そして現代の日本の実情の共通項を見ていきます。第一は、国家権力によって宗教や思想・信条が管理されるということです。第二は、国家権力の権威や権限の範囲内であるならば弾圧は起こらないが、もしクリスチャンが、国家が決めた範囲を超えて信仰の実践を行えば迫害が起こるということです。そうした中で法律が、いえ、クリスチャン自身が「私の信仰は私事です。心の中で守っていればよい。お上や公に盾突くつもりはありません。心の中で静かに守っていられれば満足です」と、信仰の問題を内面化、精神化していくような傾向があります。事の本質は、最終的な権威をどこに認めるかという、主権性の所在の問題です。国家に最終的な主権があるのか、私が信じているイエス様に主権があるのか、この二つの衝突が起こる可能性があるということです。教会が、真に神様のみを主とするのか。あるいは、知らず知らずのうちに、イエス様の代わりに国家を主としてしまうのかという問題が問われているわけです。

五番目に、こうした現在的な認識の視点から一九四二年六月二六日に起きたホーリネス弾圧事件を捉え直すと、どのようなことが見えてくるでしょうか。なぜ、当時の日本の国家権力はホーリネスの再臨信仰を危険だ、不健全だと認識したのでしょうか。私は、これは主権性が衝突した出来事だと思っています。その時のキリスト教会側の反応がいくつか記録されています。その一つは、当時の日本基督教団統理であった富田満の言葉です。ホーリネス弾圧事件が起きた時に、彼は、「今回の事件は、比較的、学的に程度が低く、かつ、聖書学的素養不十分のため信仰と政治と国家というものを混同して考えた結果である」というような認識を示しています。つまり、もう少し平易に言うならば、「ホーリネスの連中は神学を知らんのだ。イエス・キリストがやがて来られるという教えは、もっと霊的で精神的なものであるはずなのに、キチンと勉強していないから、本気になってイエス・キリストが王の王として来られるなんていうことを信じて、そのことを説教しているものだから、お上から目を付けられてあんなことになってしまった。大変迷惑な話だ」というのが、当時の教会主流の考えでした。

ホーリネス派の中ではどうだったでしょうか。逮捕された多くの牧師たちの証言の中に、「なぜ自分が逮捕されなければならないのか理解できない。分からない」という言葉があります。一九八二年六月に、東京の青学会館で「弾圧満四十周年記念集会」が開催されました。これは、新教出版社から刊行された『ホーリネス・バンドの軌跡』の編纂の前段階として、すでにご高齢となっておられた先生方が召されてしまう前に、弾圧を経験された方々の貴重な体験を記録に残すためにお集まりいただいたものです。その時に、弾圧を体験された約五十人の牧師が集まり、体験談をお話しくださいました。私も同席して取材しました。証言をされた中の何人もが、「今でも自分がなぜ逮捕されたのか分からない。私は真面目にお国のためにお祈りをしていた。戦争に勝つように祈っていた。国民としての義務を果たしていた。礼拝の中で宮城遙拝だとか国歌斉唱だとか、言われたことをやっていた。聖書学院で教えられた通り、忠実にお国のために良かれと思って働いていたのに、どうして私たちの信仰がお咎めを受けなければならないのか。私たちを指導してくれた車田先生に聞いてみたい」というような声もありました。

当時のホーリネス系教会は分離後でしたから、日本ホーリネス教団やウェスレアン・ホーリネス教団のように日本聖教会系の旧第六部に属していたグループと、基督兄弟団や基督聖協団のようにきよめ教会系の旧第九部に属していたグループがありました。歴史的な資料を調べていきますと、日本基督教団の主流派が「ホーリネスの連中はしっかりと神学を勉強していないから、本気になってイエス・キリストが地上に来られるなんていうことを信じたに過ぎないのだ」と批判し、切り捨てたように、同じ論法で、逮捕された第六部の牧師は「いや、本気になって地上にイエス・キリストが再臨するなんてことを今でも信じているのは第九部の連中だ。我々は違う。変わったのだ」というような言い逃れをしていたことを、調書などを通して知ることができます。そのことが分かりまして、日本ホーリネス教団は、戦後五十年から少し過ぎた一九九七年、「日本ホーリネス教団の戦争責任に関する私たちの告白」を教団総会で採択しました。その中で、私たちホーリネス教会は弾圧を受けたけれども被害者であっただけではない。実は、当時の日本の社会が戦争遂行体制に流れていき、日本の国がおかしくなった時に、その過ちを正すことをしないで、むしろそれに乗っかって、積極的に国家に加担してしまった歴史を持っているということを悔い改めました。

その中にこのような文言を入れました。「拘禁された牧師たちの中には、裁判のために、それまでのキリスト教信仰を清算し、祖先崇拝などをして日本人として生きると言う者たちや、神社参拝に積極的な姿勢を示す者たちもいました。また、私たちの教会は、再臨信仰が問題となっていることが分かった時、かつて分かれた同信の友の再臨信仰との違いを強調し、自らの身を守ろうとしました。それは、弾圧時に日本基督教団がホーリネス系教会を切り捨てたという自己保身の態度と変わらぬものでした。」このことを神と人との前に悔い改めて発表しました。その後、日本ホーリネス教団の代表者が基督兄弟団と基督聖協団に公式に謝罪をしました。そして和解の時を持つことができました。心から感謝をしています。

第五項目の結論を申し上げたいと思います。お気づきになられたでしょうか。ホーリネス弾圧の出来事では再臨信仰が問題とされました。ところが、この再臨信仰、私たちの復活に関わる信仰の根幹について、「それは霊的な問題です。精神的な問題なんです」と言ってしまえば迫害は起こらない。迫害は止められる。それなら許してやろうということになる。ところが、イランのクリスチャンが命を掛けて証ししたように「これは譲ることはできない。国家から止められても、死刑だと言われても、このことを証しせずにはいられない」という態度を取るクリスチャンには容赦のない弾圧が加えられていくのです。再臨信仰というものは、元来、地上の一切の権力を相対化する変革の力を持っています。その変革の力を、戦時中の教会は放棄しました。

再臨信仰の元来の力、ある意味において「危なさ」と敢えて言ってもいいかもしれませんが、本来の変革の力の大きさを見抜いていたのは特高警察や検事の側であったと言うことができると思います。井戸垣彰氏は著書の『信教の自由と日本の教会』や『キリスト者であることと日本人であること』の中で、そのことを鋭く指摘しています。井戸垣氏はそれを「再臨信仰の崩壊」と表現いたしました。再臨信仰の崩壊とは、キリスト主権の放棄に等しいと指摘しています。国家というものに私たちクリスチャンが無批判に忠誠を捧げていくのか。あるいは、必要であるならば国家の罪をも指摘して、あえて「ノー」と言うかは、私たちクリスチャンが、そして教会がキリストの主権にどこまでも従うのか否かの問題だと井戸垣彰氏は指摘しています。

最後に、第六項目に入ります。今の時代のしるしを見分けるということです。

宗教や思想に対する弾圧の時代は教育と言論の統制から来る、ということを歴史は証明しています。教育現場では、先ほどお話しした「日の丸」「君が代」の例に顕著であるように、もう始まっています。一九九九年に「国旗・国歌法」が成立し、これに従わない者は処分を受けるようになりました。このことは突然起きたわけではなく、長い時間をかけて学習指導要領の中に「愛国心」をなんとか盛り込もうということで、戦前と同じような意味の愛国心を押し付けることが徐々に増してきたのです。最近では、戦後憲法の体現である「教育基本法」を否定して改正しようとする動き、その中に「愛国心」を強要しようとする動きが急速に高まっています。教育の本質が根底から変えられようとしているのが、現代の日本です。平和教育が盛んな沖縄や広島、あるいは市民の自主的な教育の気風が強い東京の国立市などの教育現場に対して、非常に厳しい露骨な統制や管理の強化が狙い撃ちされています。

もう一つの言論の統制も始まりつつあると思います。今年可決した「有事関連法」や「個人情報保護法」に賛成でも反対でもどちらでも構わないのですが、問題はその法律の中に思想・良心・信教の自由が踏み躙《にじ》られるような要素が含まれていることに気づかなければならないということです。一九九五年のオウム真理教による地下鉄サリン事件の後、あれよあれよという間に宗教法人法が改正されました。皆さんの教会で法人格を持っているところも多いと思います。元々、宗教法人法とは法的な人格権を宗教団体に与えるため、つまり、宗教団体が正当な権利を行使するために作られたものです。ところが、オウム真理教による事件が起こった時に、「なぜ、国はあんな事件が起こる前に、オウム真理教などという危ない宗教団体を解散させなかったのか。管理しなかったのか」という世論の批判が起こってきました。これは日本の政府にとって格好のチャンスとなりました。その世論を追い風にして、反対を押し切り宗教法人法を改正しました。

この「改正」の影響は非常に深刻です。それは宗教法人法が、宗教団体の法的な権利を保障するための法律から、宗教団体を管理するための法律に変質したという意味を持っているからです。戦前の一九二五年、治安維持法が成立しました。初めは共産主義者を取り締まるための法律でした。一九三八年に国家総動員法が成立しました。一九四〇年に宗教団体法が施行され、それに基づいて教団合同へと向かっていきました。これはキリスト教界が自主的に判断した形をとっていますが、合同を余儀なくされたという面も否定できません。そして、一九四一年に治安維持法が「改正（改悪）」されました。この「改正」によって、旧ホーリネス系教会の牧師たち一一八名が一九四二年六月二六日早朝に治安維持法違反容疑で逮捕されました。

戦後の今はどうでしょうか。一九九五年に宗教法人法が改正、一九九九年に「周辺事態法」、「国旗・国歌法」、「通信傍受法」「改定住民基本台帳法」が成立しました。すべて、国民の生活を国が管理するための法律です。そして、今年二〇〇三年に「有事関連法」「個人情報保護法」が可決しました。９・11のテロが起こったことは世界にとって非常に大きなショックでしたが、その後、あの自由の国と思われていたアメリカでさえ世論は国全体を一つの方向に向かわせる力が強く働いています。イラク戦争に反対だと主張する人はアメリカ社会の中でもごく少数で、彼らは辛い目にあいました。アメリカの男子高校生が、はっきりとイラク戦争は反対だと言ったために学校を辞めなければならないということが、現代のアメリカで起こっています。あるいは、放送でそのような意見を述べることはストップをかけられるとか、新聞に発表することもできないとか、言論の統制は日本だけではない。共産圏だけではない。イスラム圏の問題ではない。自由の国と思われているアメリカでも起こり得るということが証明されたと思います。

日本では、国会議員の九割が賛成して有事法制を可決しました。国民の大多数も支持したと言われています。問題は、こうした法律の動きが個人の思想・良心・信教の自由を軽視する方向に働いているということです。教会がキリストの主権性を放棄して国家主権に従属することを強いていくような、そして、そうした国策に世論が連動していくような、言ってみれば、現代の国家総動員体制と言っても過言ではないような現実が再び私たちの日常を脅かすような時代に、私たちは生きているということを銘記すべきであると思います。

昨年の七月二四日、衆議院有事法制特別委員会で福田康夫官房長官が、「有事の時、思想・良心・信教の自由は保障されるのか」という質問に答えて以下のような答弁をいたしました。「有事の時、思想・良心・信教の自由が制限されることはあり得る。内心の自由は保障する──心の中で何を信じようが、それは保障する──が、外部的行為の制約はあり得る」。これは大変な答弁です。戦前の話ではありません。現代の日本です。あなたが心の中で何を信じていても自由だけれども、その自由をクリスチャンとしての生き方に実行しようとするならば国はストップをかけるよと言ったのです。そのことは、朝日新聞が翌日の朝刊で報道しました。他紙にはあまり載らなかったようです。新聞記者も、事の重大性に気が付かなかった。ただ朝日新聞の記者だけが、これは聞き捨てならないということでちょっとした記事にした。

私はその記事を朝刊で読んだ時に仰天いたしました。私たちホーリネス派が弾圧を受けた時とまったく同じ論理です。心の中で何を信じていても自由だけれど、再臨のキリストが本当に来るなんてことを言い出したらタダじゃおかないよ、という理屈とまったく同じ論法がそこに使われていたからです。私は、すぐに日本キリスト教協議会（ＮＣＣ）の総幹事と、日本福音同盟（ＪＥＡ）の総主事に「この記事を見ましたか。知っていますか」と電話をしました。まだ見ていないということだったのでＦＡＸを送ったところ、二人とも大変驚いて「すぐに手配をする」と言われました。そしてその日の夕方には、ＮＣＣの鈴木議長から抗議声明が私のところにＦＡＸで送られてきました。クリスチャン新聞はそれを一面トップの記事にして、「有事法で政府見解。信仰制約、教会収用もあり得る。戦争協力の悪夢の再来か？」と報道しました。このような問題はマスメディアも気が付かない。ともすれば、私たちも見過ごしてしまう問題であるかもしれません。けれども、このような時代のしるしを見分けていかないならば、本日のテーマにあるように、「宗教弾圧を再び繰り返さないために」私たちは何をしたらよいかが見えてこないのではないかと思わされます。

締めくくりをして終わります。レジュメの冒頭に「キリスト・イエスにあって敬虔に生きようと願う者はみな、迫害を受けます」（Ⅱテモテ3・12　新改訳）と記しました。「敬虔」とは何でしょうか。「敬虔」とは、単に心の中で神様を信じて敬うことではないと私は信じています。ここに「敬虔に生きようと願う者は」とあるように、敬虔とは具体的な生き方の問題であります。心の中でどんなに熱心にイエス様を崇め讃えても、迫害を受けることはないでしょう。そして同時に、そのような現実の生き方を伴わない「信仰」は、一世紀のローマ社会を変えた初期クリスチャンの信仰とは別物です。主キリストに従うことを貫いて使徒行伝五章で証ししたような、あの生き方によってローマ社会がやがてひっくり返った、そのような変革の力とはなり得ないと思います。

しかし、この罪の世のただ中にあって、初代のクリスチャンはその敬虔な信仰のゆえに、決してローマ皇帝を主と呼びませんでした。そのような初代教会のクリスチャンのように、私たちも国家のあり方に迎合しない、そして、世に生きてはいてもこの世のものではない、キリストだけを主とするという生き方を貫こうとするときに、あの一世紀と、あの戦時中と、あのイスラム圏・共産圏と同じ迫害の原理が、今も働くだろうと私は思います。

けれども、それが普遍的な原理だからといって、国家がそのサタン的な力を強めようとするときに「それは普遍的な原理だから仕方がない」と黙って、弾圧を甘んじて受けるしかない、殉教したらそれで良いではないか……という問題ではないと思います。黙って、傍観していて良いわけではない。聖書によれば、国家や社会が神の公義に背くようなあり方にそれていくときに、神様は預言者をお立てになりました。その罪を厳しく指摘して正そうとされました。今日の日本において、神様から責められるべき不義とは何でしょうか。教会はその預言者的使命を果たすために時代のしるしを見分けなければなりません。有事法が国会で可決した直後の日曜日、私の通っている教会で一人の老婦人が「有事法が通ったけど戦前と同じようなことにはならないよね」と、何度も何度も念を押すように私に尋ねました。正直に言って、私は即答することができませんでした。

確かに、一九四二年六月二六日とまったく同じようなかたちで宗教弾圧が再びやって来ることはないかもしれません。けれども、迫害の普遍的な共通原理は今もなお働いているとするならば、敬虔に生きようとして国の法律で禁じられてもイスラム教徒に福音を伝えようとするクリスチャンを世は憎みます。敬虔に生きようとして政府公認教会に加わらないクリスチャンを世は憎むのです。敬虔に生きようとして「君が代」を拒むクリスチャンを世は憎むのです。敬虔に生きようとして夫が護国神社に祀られることを拒否するクリスチャンを世は憎むのであります。そして、敬虔に生きようとして有事法の収容命令に従わない教会に対して、世はどのような牙を剥いてくるのでしょうか。

私たちの主は、世がキリストを憎んだようにあなた方を憎むと予告しました。けれども、あなた方は真理の御霊によって私について証しをするのですと、イエス様はヨハネによる福音書一五章18節から27節で、私たちに覚悟を促しておられます。本日の講演会のテーマとして「宗教弾圧を再び繰り返さないために」とありますが、私たちは、敬虔に生きようと願う者はみな迫害を受けるということを心に刻みつつ、一方で、愛する祖国が神の公義を曲げるような罪を再び繰り返さないために、「世の光、地の塩」として見張り、そして時代のしるしを見分け、祈り、警告するという責務をも負っているのではないかと思います。

（第12回ホーリネス弾圧記念聖会・講演会講演　二〇〇三・六・二三　クリスチャン新聞編集長）

聖会説教

火は消してはならない

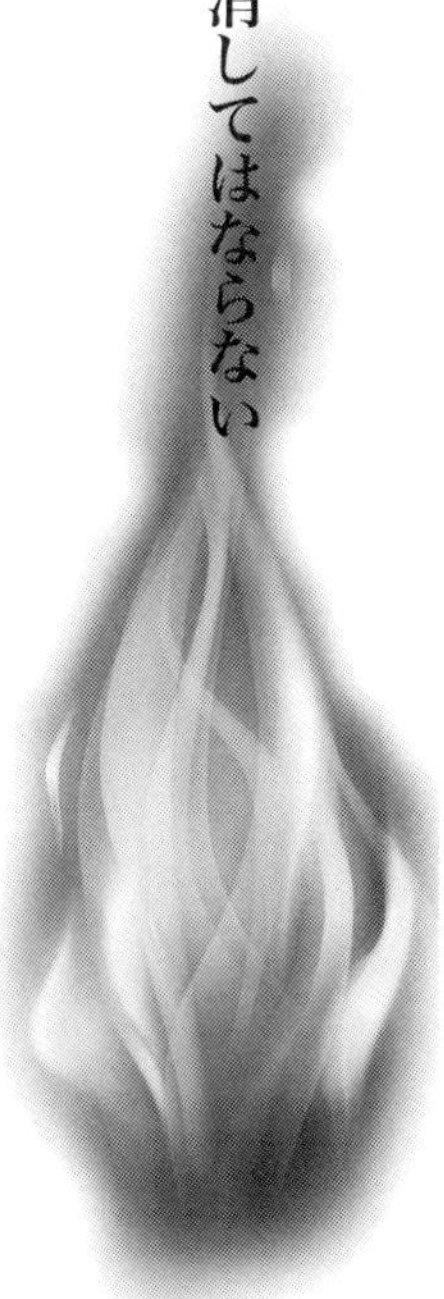

蔦田　公義

「ついで主はモーセに告げて仰せられた。『アロンとその子らに命じて言え。全焼のいけにえのおしえは次のとおりである。全焼のいけにえそのものは、一晩中朝まで、祭壇の上の炉床にあるようにし、祭壇の火はそこで燃え続けさせなければならない。祭司は亜麻布の衣を着なさい。また亜麻布のももひきをその身にはかなければならない。そして、祭壇の上で火が焼き尽くした全焼のいけにえの脂肪の灰を取り出し、祭壇のそばに置きなさい。祭司はその装束を脱ぎ、別の装束を着けて、脂肪の灰を宿営の外のきよい所に持ち出しなさい。祭壇の火はそのまま燃え続けさせ、それを消してはならない。かえって、祭司は朝ごとに、その上にたきぎをくべ、その上に全焼のいけにえを整え、和解のいけにえの脂肪をその上で焼いて煙にしなさい。火は絶えず祭壇の上で燃え続けさせなければならない。消してはならない』」（レビ記六・8～13　新改訳）

「私は鎖につながれて、福音のために大使の役を果たしています。鎖につながれていても、語るべきことを大胆に語れるように、祈ってください」（エペソ人への手紙六・20　新改訳）

ホーリネス弾圧記念聖会の御用にお招きいただきまして、誠に感謝しております。旧約聖書と新約聖書から、この夜のために御言葉をお読みいただきました。旧約聖書レビ記六章9節後半に「祭壇の火はそこで燃え続けさせなければならない」、12節に「祭壇の火はそのまま燃え続けさせ、それを消してはならない」とあります。13節にまいりますと、「絶えず祭壇の上で燃え続けさせなければならない」と書いてあります。

この年のテーマは「弾圧の実相と宣教的使命」、「弾圧の実相」、そして「今日の宣教的使命」と分けられるのですが、この弾圧の実相については、私の世代は若過ぎ、そして実際に弾圧の中を通っておりません。私の父の代が、神さまの摂理のうちに時代を通ってきたことで、耳で聞き、あるいはその他の情報で知らせていただくことはいたしましたが、私自身、あの頃はまだ小学校前の子どもでした。

奥多摩の檜原村に家族が疎開しておりました。そこで食べる物がなく、でんでん虫の大きいものを拾い集めて薪を燃した灰の中に入れて、こんがりと焼き、殻をコンコンと割り、お醤油をつけていたか、お塩をつけていたかして食べたり。村の人に食べられる草や根っこを教わって、キノコを山の中に求めていっては、拾って持って帰り、そしてそれを食べたり。父親はおりませんから、母親とそれから子どもたちはそこでそのような過ごし方をしました。お芋を畑に植えるのですが、お芋のできるのを待っていられず、葉っぱがずーっとつるを延ばしてくると、葉っぱを取ってしまって、もう味も何もつけない、それを感謝して食べる。それから時々引っ張りますと、細いお芋が出てくるわけで、それを子どもたち、今はみんな牧師になっていますが、今日は誰ちゃんの番、今日は誰ちゃんの番というようにして、感謝して食べていたような思い出があります。

それから、父が捕まって間もなくですが、あれはどこだったでしょうか。久松警察署であったか、高い三階か四階のビルの窓辺なのですが、下に市電が走ってました。母親に、「今日はお父さまに会えますから、きちっとした服装をしていきましょう」と促されていきました。特高刑事さんの中に非常に心の優しい方がおられたようで、「今日は私の取り調べの日だから、あんたの主人を窓辺に座らせてあげる。子どもをみんな連れて来てはいけない。またチャンスがあるから一人だけ連れて来て、そしてお父さんを見せてあげなさい」と言われたということで、「あんまり長く見ちゃいけませんよ」と言われながら歩いて、それで窓が開いてまして、子どもの目も、髭が生えているがお父さんだと見ることができ、深々とお辞儀をしたような思い出があります。

そういう中を通りながら、惨めとか悲しいとか、寂しいとか苦しいとかというような思いを子どもたちが一度も持ったことがないことは、恵みであったと思います。今、親になりまして、親が一人で、子どもたちを信仰一つで、本当に何もない中で、よく二年間、三年間を過ごすことができたなと、当時を思い返しながら、母の信仰のゆえにも神様の御名をあがめているわけであります。

そういうわけで、私はその時代の苦しみを体験しているとか、理解しているとかいう立場にありませんので、こういう記念聖会の御用にあたることはどうなのかと、非常に考えさせられ、また祈らせていただのですが、ただ客観的な理解をさせていただくために、やはり大切な私どもの日本の教会、そして私どもが得て来ている御国の嗣業でもありますので、心して読ませていただいたり、あるいは学ばせていただいたり、また先生がたとお会いすることがありますと、一生懸命にレモンじゃありませんが、最後の一滴までお聞きしたいなというような気持ちでお伺いをしたりしております。

ご存じのように『ホーリネス・バンドの軌跡』という分厚いお証しの本が出ました。非常に貴重な資料でありますので、多くの方々、また私たちが読まなければいけないものではないかと思います。それからもう一つは、アルバムのような形になっていますが、『目で見るホーリネス・バンド』という大判の本が出ております。この二冊は、非常に貴重なものであると思っております。繰り返し、繰り返し、私はそのページをめくらせていただいて、またあるものは読み返させていただきながら、実相と言いますか、体験された方々のお証し、主と共に体験された方々のお証しに恵みを受けておりました。また伝道者の召しを受けて牧会・伝道、それから宣教といった、神様へのご奉仕、また福音伝達のご奉仕をさせていただきながら、折々に考察させていただいたり、また日本ではありませんが、現在もアジア福音同盟のお仕事に当たらせていただいている中で、インドネシアで教会が焼き討ちに遭った、教会が破壊され、牧師が殺されたなどの報告、あるいはインドの奥地では牧師のお父さんは殺されたが、奥さんと子どもたちは逃げのびられたなど、生々しく、現実に起きているニュースを手に入れながら、本当に神さまの前に祈らされる日々を過ごしておる中で、私は、迫害、弾圧に関して、いくつかの見方を持たせていただいているように思います。

これはあのダイヤモンドではありませんが、多角面がありまして、それぞれが美しい色を出すものでありましょうが、三つにまとめさせていただきます。

まず、私は日本のホーリネスの弾圧という出来事、これは決して、軽い出来事として受け止めていません。一三四名の方々に直接弾圧が加えられ、ことにその内七名の尊い器の方々が、殉教の死を遂げられて天に帰られたという非常に大きな、重たい内容を持つものです。私はその事実をしっかりと踏まえた上で、しかしこれは主の御許しの中で起きたのだと理解しております。客観的に自分をそこから切り離してそう言っているのではなく、自分もいつ、またそういうことが起き得る中にありながら、このような言い方をさせていただいているわけです。

二つ目の理解は、この攻撃は、いわゆる悪魔的な、暗闇の力というものが許されて教会に対する弾圧が加えられたわけですが、しかし、これは神の国全体に対して、与えられたものであったという、広い大きな意味で捉えさせていただいているわけであります。

先ほども申し上げましたように、アジアでのお仕事に携わっていますと、戦争中に日本がやったことは、常にこっち側からもあちら側からも出てきます。この前も韓国にまいりました時にそういうお話が出ました。いわゆる神社の参拝が押しつけられていき、そしてそれをしなかった者は磔《はりつけ》に遭ったり、殺されたり、いろいろな苦しみを通ったということを言われた。その時に、私は、日本の国の者として本当に申し訳ないというお詫びの気持ちを表した上でのことだがと申し上げながら、そのことを知っておりますが、実は、日本でも私の父を含めて、多くの牧師たちが同じ苦しみの中を通ったんですと申し上げて、お互いの共通の敵は、日本だ、韓国だというような言い方ではなく、神の国に対する敵であるサタン、神に対する敵に対して、この時代、共同戦線を張っていかなければならない、そういうことを共に覚える必要があるのではないでしょうか、といったお話をさせていただきました。

現実に日本のしたことは、大変なものであったと思います。七日間、韓国のソウルで、朝、昼、晩、きよめの集会をしてくださいという事で行きました。そして、朝二時間半、集会じゃないですよ。説教です。二時間半。午後また二時間半の説教です。夜また二時間半の説教。講壇の下まで兄弟姉妹が集まって、もうぎっしりなんです。お食事の時間も、食事に行くのですが、ぞろぞろとついてきてしまって、もう次から次へと、靴を脱いでいる間も、口に運んでいる間も、矢継ぎ早に、聖潔、ホーリネスということはどうなんでしょうか、こうなんでしょうかと、質問攻めで、お食事もそこそこしないで、また靴を履いていますと、その両側からまた質問ということで、ものすごい聖書的な聖潔に関する飢え渇きを感じてまいりました。そのような七日間が終わり、控室でお茶をいただいている時、牧師先生方が、一四、五人いましたか、お話をしていました。そこに一人のおばあさんが入って来られました。そして先生にぜひお会いしたいとおっしゃいますので、「どうぞ」とお招きすると、「一つ質問があります。あなたは日本人ですか」と言うのです。私は「日本人です」と言いました。「本当に日本人ですか」とおっしゃいます。「はい、本当に日本人です」。すると「パスポートを見せてください」と言われました。おばあさんです。七六歳だと言われていましたが、手渡すと、それを開けて「日本国旅券」と書いてあるのをご覧になってから、話し始められました。「実は私は、北朝鮮から逃げて来たんです。私の目の前で、日本の憲兵が私の家族、子どもたち、みんな殺してしまいました。私だけ命からがら逃げて、やっと38度線、韓国の方に逃げて来たんです。

日本人の顔はもう見たくないという気持ちで、世界地図を開けて日本の島を見る時には、これは鬼ヶ島だというふうに見ていた。世界中でキリスト教がいらない国があるとすれば、もう日本しかない。だから日本にはクリスチャンは一人もいない。また、できっこないと信じていた」。そう言われる。「ところが道を歩いていたら、ポスターがあって、日本からの牧師が聖潔の話をすると書いてある。とにかく来てみたら、私は説教を聞いている一週間、あなたが何人かなんて全然忘れて、とにかく御言葉を聞いてました。はっと気が付いたら、あなたは日本人だと言う。本当にそうか」、と言われたのです。私は「そうです」と言いました。そうしたら、「日本には、他にもクリスチャンがいるのか？」とおっしゃるので、「たくさんおられます」と答えました。「本当か？」、「信じられない」と言う。私は、「日本には牧師さんたちもたくさんおられますよ」と言いました。「そうですか」と涙をポロポロ流しながら、「あの鬼ヶ島にも福音は入ったのですね」と言っておられました。私どもは本当に抱き合って、涙を流し合って、神様の恵みを感謝したことでした。私たちは、へりくだって過去の様々なことを現実に受け止めていかなければいけない立場に置かれているということは忘れてはいけないと思いますが、けれども、それと同時に、ただ国と国、国民と国民という世的なレベルだけでものを考え、そこでどうしよう、こうしようということではなく、十字架の血潮のもとに、われらみんながひざまずいて憐れみをいただいて、そしてそのもとで立ち上がって、本当に神の御国のために手をつないで、心を合わせて戦っていかなければならない。主の再臨に向けていかなければならないという霊的な神の世界、神の御国の面を覚えていなければいけないということなのです。

三つ目に感じていることです。弾圧でありました。苦しみを通りました。命も賭しました。けれども神がローマ八章28節にありますように「すべてのことを相働かせて益となす」の中に、この弾圧という大きな重たい出来事を入れておられたのだということです。

先ほど、エペソ書六章20節の御言葉を読んでいただきました。もう数年前ですが、論文を出してくださいと言われ、このエペソ書六章20節を引用し、「鎖につながれているキリストの大使」として、まとめさせていただいたことがありますが、パウロが捕まったというニュースは、教会にとって「これは大変だ」という出来事であったに違いありません。牧師がとられた。もうパウロ先生は説教ができない。私たちも説教を聞くことができない。もうパウロのあの宣教と福音伝道は止まってしまった。おしまいになってしまった、と多くの人々が言ったに違いありません。けれども、なんのなんの、神様がパウロを鎖につながれたその理由は、パウロ書簡と言われる新約聖書をパウロに書かせるため、それが二千年間、今に至るまで神の言葉として我々の手の中にあるということなのです。私たちの考えと理解を遙かに遙かに超えた神の知恵の中で事が行われていく時、私たちは、自分自身を委ねて、そして神様の御手の中に信頼していくことが大切なのではないかということです。

戦後になって、ホーリネスの群がいくつもの群に株分けしたようにして分かれ、発展しているのを見せていただきながら、本当に神様のなさる業は素晴らしいなと思いながら、御名をあがめさせていただいております。

私はイムマヌエルに属しておりますけれども、イムマヌエルの創設者、蔦田二雄牧師、私の父でありましたけれども、二年間、牢屋に入れられました。その内の十八カ月、一年六カ月は、誰とも話をすることができない半地下の独房に入れられていたわけですが、そこにおいて彼は、共にいてくださる神様を新しく体験し、「イムマヌエル、神我と共にいます」という名前が与えられ、伝道者としての立場を許された時、イムマヌエルという名前をその教会につけたのでありますが、獄中はもちろん聖書の所持は許されませんでしたけれども、心に蓄えられている御言葉を通し、日本の教会は質的に、また働きとしても、自分が知り、見てきた西洋の教会となぜ違うんだろうかと、しきりに考えさせられたというのです。結論が出るまで一年半かかったようです。それだけ祈り思いめぐらし、あらゆる角度から考えつつ、神様からの結論を待っていた。そして、三つの結論に到達したというのです。

一つは日本の教会は、聖書、神の御言葉である聖書を、きちっと聖書が占めるべき位置においていない。だから「まず神の国とその正しきとを求めなさい。そうすればすべてこれらのものは与えられます」との御言葉があっても、日本の多くのクリスチャンたちは気をつけないと、自分たち、伝道者たちもうんうんと首を縦に振って、良い教えだ、良い教えだと言うけれども、やっぱり生活は変えないで、マイホーム第一、日曜日の礼拝の代りにゴルフに行ってしまうというようなことを、まあその時代はゴルフなんかありませんでしたけれども、今様にいうとならばです。商売、商売、今日は六千万の取引があるから礼拝どころではない。今日は子どもたちの事も考えてあげなければいけないから、たまには礼拝を休んで遊園地にでも行かなければならない。しかし、「まず第一に神の国とその義とを求めなさい」。西洋の教会では、それがまず第一に来ると。「ああ、間違っていた。神様、お赦しください」と言って神を第一にし、神の義を第一にして歩まなければならないのに、日本の教会はそれをしていない。それが第一の答えです。だから日本の教会は弱い。十一献金、あれは建前であって、気をつけないと牧師さんまで、いやいやなんて言ってしまったり、聖日の朝に電話がきて、「先生、今日はこれこれこういう事があって行けません」と言われ、「そうですか、それではお祈りしていますよ」と言って切って、「この会員は素晴らしい会員だ。わざわざ欠席届けまでしてきた」。旧約の時代に、安息日を守らなかったならば石打ちですよ。それを牧師さんが「はいはい」と言って許してしまっていること、神の御言葉が一体どこに置かれているかということの反省がまず第一でした。

二番目は、信仰によって義とせられること。いわゆる新生経験、生まれ変わるということは、福音主義教会はみんな持っているわけですが、けれども生まれ変わってクリスチャンになった者、つまり神の子どもとせられ、永遠の命を与えられたという者が、心が汚い、生活が汚い、なのに「救われたクリスチャンだ」、「我々は福音主義だ」と胸を張って言っている。聖書はそう言っていない。「我聖なれば、汝らも聖なれ」。あなたがたの神であるわたしが聖なるものであるので、わたしの民であるあなたがたは心も純潔でなければいけないし、生活もきよくなければいけないという聖化の問題です。全き聖化は、ただの聖化ではありません。全き聖化という事に関して、光を与えられました。これがないので日本の教会は弱い。平気で罪と手を結んでしまう。平気でニコニコして、罪と友達になってしまう。友好的な関係をもってしまう。そうではなく、セパレートされ、離別されて、そして本当に神のものとならなければならない。

日本人には分かりやすいと思います。神道などでも同じ窯から出てきた瀬戸物なのですが、御神酒だけに使うとなったら、神聖なものとして扱い、俗な事に使いません。そのような観念が日本人の中に、また異教の世界でもあるわけです。これは悪霊の神々の世界のことではなく、本当におられるまことの神様のご命令です。聖なる神様の前で、我々が本当に聖きものとして献げられたならば、主のためにのみ生きるという、「寝ていても起きていても」といったパウロ的なクリスチャン生涯というものが始まるわけです。我々の日常生活をこれは神様に仕える仕事、これは自分の仕事というように分けるのではなく、自分のしていることも、会社に行って、会社のために働いていることも、これは神様、あなたへの献げ物ですという生き方です。お台所でたくあんをトントントンと刻んでいるのは、確かに家族のためであり、自分たちの家庭のためですが、神様、これはあなたへの献げ物ですと言える、そのような生き方、聖き民の生涯というものが聖書に要求されて、提供されているのに、そこを忘れてしまっていることに日本の教会の弱さがある。

そして三つ目。日本の教会は、伝道、伝道と言って伝道をやっているけれども、隣の町に三つ教会ができたというと「よくやった」と自分たちをほめたり、伝道的な教会だと評価する。けれども、日本の島を取り巻いている海岸線から向こうに福音を持っていこうとはしない。

西洋の国々は、息子、娘、教会の中の若い方々で素晴らしい、神様のお仕事になくてはならないような存在、これからというような人たちをバンバン国外宣教に出した。あの頃のインドに行ったら死んでしまうかもしれないのです。アフリカに行ったらどうなるかわからないような時代です。それなのに、息子、娘をじゃんじゃんと出して、しかもそれを支えるために皆祈った。婦人会も、青年会、そして家長会も祈る。教会を挙げて祈っている。そして、財布のふたを開けて、銀行の口座から引き下ろして、宣教のために神様に献げ物をしている、そのような行為を見てきました。

日本の教会はそれをしない。何かするとしても、まず自分のものは取っておいて、少し余れば神様に、という程度。世界宣教ひいては地の果ての宣教、心の奥の底まで探られるべき聖潔ということ、そしてそれらのすべてが御言葉を土台としていることが日本の教会のあるべき姿であると示されて、彼はひざまずいておわびのお祈りをしてから、こう神様にお祈りをしたそうです。「主よ、家族は死んでいるか、生きているかわかりません。また戦争も勝っているか負けているのかわかりませんけれど、もしもう一度、伝道者としての生涯が与えられたならば、聖書にのっとって、聖と宣、聖潔と世界宣教を柱に建てた教会を建てさせていただきたい。名前はイムマヌエル。それは今ここにおられるあなたが、うちの教会と共にいてくださるということです」と。そして戦後、六人の方々がお祈りをして、イムマヌエルが誕生しました。今百二十の教会に増えております。そして六か国に国外宣教師たちを送り出しています。十人の宣教師たち、そして働きの一つと数えることを許されるならば、アジア全体で、世界福音同盟などにも、本当に雀の涙を太平洋に落とすようなものですけれども、御用に当たらせていただいています。これは弾圧を受けたホーリネスの群のほんの一枝であります。しかし、神様がこのように益としてくださることが一つ一つの先生方、皆様方の教団、教派の中になされていて、今や神様のこの聖潔のメッセージの宣証が力強く日本に、そして世界に広げられつつあります。このことを見ながら、弾圧をただ単に、ああいうことがあった、それはこうだった、我々はこうすべきだ、というようなレベルで理解をするものではないのではないかと思っておりました。

そんなことを考えさせられ、またこの世の事を考えさせられ祈っている時に与えられたのが、「火を消してはならない」との御言葉です。

火は壇の上で、そのまま夜も朝も昼も燃え続けさせなければならないという御言葉でした。祭壇の火は絶えず燃え続けさせなければならない。六章9節、12節、13節に三回書いてあります。ご存じのようにここはモーセに言われた神様の指示の部分の中で、アロンとその子ら、つまり祭司たちに向けて言われているところです。旧約の時代の祭司たちは、神様から任命を受けたアロンとその子らと定められていますが、マルチン・ルターが宗教改革の時に見い出して、プロテスタントの信仰の基軸の一つといたしましたように、第二ペテロの御言葉からとられている、救われた者たち皆が祭司職にあたるもの、「万民祭司」という言葉でよく言われておりますけれども、私たち救われた者、また主のために聖別された者たち皆が祭司となっているという理解で、アロンとその子たちに告げられた「火を消してはいけない」、「火を絶やしてはいけない」、そして「燃やし続けなければいけない」という事を受けとめていかなければならないということを覚えたいのです。

六章9節から七章に至るまで、燔祭から始まって、五つの犠牲、祭が書いてあります。それは今日見ませんが、けれども一つ一つのご奉仕を具体的に指示なされた上で、アロンとその子らに「祭壇の火は消してはいけない」、「祭壇の火は、そこで燃え続けさせなければいけない」と言われているということが、非常に大事なことであると思うのです。言い換えると、お互いが神様に仕え、それぞれの立場、伝道者は伝道者、信徒は信徒、家庭、社会、職場、学校、病院、いろいろな所がありましょう。宣教師は宣教師。けれどもお互いに一人一人が神に仕えていこう、どのいけにえであるかはそれぞれであるかもしれませんし、時によって違うかもしれませんけれども、根底的に覚えておくことは、火を消してはいけない、火を絶やしてはいけない、火を燃え続けさせなければいけないということなのです。

祭司の仕事とは、神と人との間に立って、人々の必要を神様に訴え、神の御旨を人々に伝えて、神様の御旨が人々の中になされていくようにすることであり、ある時には伝道に表れ、ある時には教会の様々な形のお仕事に表れます。社会の様々なお仕事にも表れましょう。そういったあたりが、「綜合伝道団」とイムマヌエルにつけられている意味でありまして、いわゆる講壇だけ、教団だけというのではなく、総合的に医療も、救済的なことも福祉的なことも、あらゆる面において福音をということなのですが、神様のお仕事に携わるすべての事において、まず根底になければいけないのは、「火」です。

「祭壇の火」に関し、なぜそんなに肝要なことであり、大事な事なのか、その理由をいくつか拾うことができます。聖書全体を通して考察するならば、まず第一に、私たちが燃え続けさせなければいけない火、絶やしてはいけない火は「全き聖化の火」であると結論づけることができるのではないかと思います。9節以下でいわれている文脈は、全焼のいけにえです。夜ささげられた動物のいけにえは、朝までにきれいに燃えて灰になってしまわなければいけません。残るものは何もないということです。この予表としては、もちろん主イエス様が、最後の血潮の一滴まで全部神様にささげてくださって、我々のために十字架の上において真のいけにえ、神のまことの小羊となってくださったことを意味すると共に、これはあがないの日だけではなく、毎日毎日ささげられた全焼のいけにえですから、ローマ書一二章1節でパウロが言っていますように、毎日毎日私たちをささげ続け、神に喜ばれる生きた供え物として神にささげ続ける、その姿を表しているととることができるのではないかということなのです。

火を絶やしてはならないと言われている火は、人間が火打石で作った火ではないと書いてあります。だから聖化の火だというのです。これは神の御前から出た火が一番最初に祭壇の火となったということが九章24節に出ております。そして神の前から出た火がそこについたので、それは絶やしてはいけないとの言い方がなされております。

あのイスラエルの陣営の事を考えます時に、三つの火と言いますか、光がいつもあったことを思い起こします。一つは陣営の人たちが皆が見ることができた火の柱です。昼間は雲の柱ですが、夜になると大きな火の柱となって、皆が見ることができました。もう一つは幕屋の時も、それが後に神殿になった時も、聖所ではなく、もっと奥の至聖所にあったセキナの栄光です。ケルビムの二つの羽の下、契約の箱の上にあった光です。不思議な光。この両方は神様のご臨在の現れであり、そして、この火の柱とセキナの栄光は人間が何かをやらなくても燃えているものでした。ところがもう一つの火、人々が見ようと思って見られたのは、聖所にあった燔祭の炉です。そこでは薪が燃えていた。最初は神様から来たところの火でしたが、それを祭司たちが燃やし続けなければいけなかったのです。

あのイザヤ六章では、神の御前から真っ赤に焼けた炭火が取り出されて、火箸で持って来て唇に触れた時に唇だけでなくて全身がきよくなったとイザヤが言っています。イザヤはそれまでも説教していたのです。糾弾していましたね。「災いなるかな。こういう人よ。災いなるかな。こういう人よ。災いなるかな。こういう人よ」。五章まで読んでごらんなさい。彼は伝道者、預言者だったんです。神の言葉を語っていたんですが、あの高くあげられた神様の御座を見た時、自分の災いを見て、なんと汚れた存在なのかということがわかって、ひれ伏して、「ああもう駄目だ」と、新改訳聖書に訳されていますが。その時に火が来たというのです。

きよめの恵みって何でしょうか。クリスチャンやっています。証しもしているのです。ご奉仕もしています。教会学校の先生もやっているのです。青年会の幹事さんもやっているんです。婦人会の会計さんもやっているんです。けれども、けれども、どこかで「自分はもうだめだ」という時点に導かれて、そしてもう自分で努力してもだめだし、誰かにお願いしてもだめだし、もう先生でもだめじゃないかと思うような、特に私みたいなできていない牧師です。そのような所まで来てしまった時に、「神様、あなただけです。あなただけです。もうお委ねしますから、おささげしますから、全部あなたのものにしてください」と言って、神様の前に自分をささげる時に、自分の中から火が出るのではなくて、誰かから火が来るのではなくして、神様の御座から聖霊の火が来て焼き尽くしてくださる、汚れを。そしてきよきものとしてくださるのだということです。

新約聖書の時代、万民祭司と言われているお互いですが、まず私たちに火が与えられなければいけません。この使徒行伝の二章以来、火あるいは聖霊が、聖書には炎が舌のように現れとありますけれども、火の形をもって現れてくださり、降ってくださったのです。言い換えると神様の前に燔祭を燃やす火は十分に燃えているのです。我々が聖潔を受けるために必要な事は何かというと、自らを燔祭としてその火の中に、ご聖霊の火の中に投ずれば良い、あとは聖霊がイエス様の血潮を用いて私たちをきよくしてくださるのです。

聖化の火、二つ目にこの火はどういう火だったのか。絶やしてはならない火でありました。火は一晩中、朝までと書いてありますが、燃やし続けなければいけない。もちろん昼間でも燃やされ続けなければいけない。夜も朝も昼も絶えずということです。何を意味しているのでしょうか。あまり霊解してしまうことは危険ですが、聖書全体の光の中で、また私どもの生きております教会という恵みの中で、火を絶やしてはいけないということを時間、時として見ることができます。

夜、暗黒です。弾圧の時代、迫害の時代。どうなってしまうのかわからず、行く先は見えない。先生はどうなってしまうんだろうか？ 信徒はどうなるのだろう。教会は誰も集まってはいけないようになってしまう。けれども迫害の最中、夜にあって、火を絶やしてはいけない。火は壇の上で燃やし続けなければいけない。いつか夜明けがやってきます。新しい時代がやってきます。皆が目が覚めてきます。リバイバルの火がやってくる。その時に火が燃え続けているということは幸いです。もし火が消えてしまったあの五人の愚かな乙女のようになってしまっていたなら、大変なことであると思います。

昼とは何ですか。普段の生活、普通に生活ができる、普通に礼拝もできるし、祈祷会もできる、証しもできる、伝道もできる。礼拝をしても大丈夫だというような普段の信仰者の教会の歩みをしている時、昼間にあっても火は燃えていなければいけないのです。

火は燃え続けていなければいけない。夜、他の人は皆眠ってしまっていることがあるかもしれません。朝、他の人は目覚めて先ほどリバイバルと言いましたが、覚醒が与えられるような火が与えられた時のことをいうのかもしれません。どういう種類の時であっても、火は絶やしてはいけないということです。

火とは何ですか。ある意味において火は、光を放つものですし、熱を放つものです。パッション、情熱。うちの神学校では合同祈祷会を、月曜日ごとに半徹夜の祈祷会を毎週やっています。その時、今の時代に神学生が献身者がいないのはなぜなんだろうかという話をしました。10も20も理由は挙げられますが、第一の理由はパッションがなくなっている。今の教会、今の牧師たちの心の中にパッションがなくなっている。火が燃えていないんじゃないか。熱がないんじゃないか。光を放ってないんじゃないかって、どこいっちゃったんだよ。そのあたりを私も含めて深く反省しなければいけない時代ではないかということをお話ししながら、ひとしきり祈らせていただいたことであります。

パッション、これはどこから来るかというと、私のうちにも神様が住んでいてくださる。神のご臨在が今ある。そして私の罪は全部赦されているだけではなく、血潮によって光のうちを歩み続ける間、きよめられ続けている。責めるべきところのない心の状態を恵みのゆえに与えられていることから、心は燃えます。神様を賛美し、神様に感謝をささげ、そしてこの主に何をしたらお返しができるのだろうか。お返しなんかできっこない自分です、それも土の器です。短い一生です。けれども、です。

私の父は六五歳で天に帰りました。この講壇で奉仕しておりました。兄の真実牧師は六二歳で召されました。そうすると段々下りてきて私は六〇歳ぐらいかなと思ったりするのですが、けれども例えばですよ、六二歳で私が天国に行くとすると、今五七歳で今年五八歳になりますから、あと四年か五年なのです。地上に残った四年、五年を一体どう使うかということになると、一週間一週間、一日一日、一瞬一瞬というものが本当に大事なものになるはずです。パッション、燃えるものです。最後に、この火は契約の火です。出エジプト記で火を絶やしてはいけない、それは永遠の契約だからだと神様は言っておられます。永遠というのは時の連続ではなく、違う種類の時、世界ですが、それは旧約時代、新約時代、教会時代をつなぎ貫くものであります。

火は燃え続けてきました。旧約時代に祭司たちは、夜に昼に朝に薪をくべて火が消えないように忠実に守ってきました。新約時代に入り、鎖につながれているキリストの大祭司であるキリストの使者、パウロ、彼は牢屋に入れられたからといってしゅんと火が消えてしまい、「皆さん、私のために祈ってください」と言ったのではなく、ピリピの教会に向け、自由人に向かってですよ、捕まっている牢屋の中から、「喜べ、喜べ。また言う。喜べ。喜びなさい。主にあって」と言って、喜びの励ましの手紙を書くことができた。なぜですか、火が燃えていたのです。

牢屋の中にあっても、地下牢にあっても、いろいろな国において、いろいろな形で迫害に遭いながら、火が燃え続けた人々の中で、昭和の時代にこの私たちのこの国、この日本の中で牢屋につながれ、命をとられ、むち打たれ。私の父がちょっと話してくれました。ビシッ ビシッと音がして、呻き声が聞こえる。青い竿を持って、背中を杭にしばられて、そして裸にされて打たれるんだけれども、竹の音が変わっていく。竹が割れて、段々それが筋になってしまって、それでもビシビシ叩かれている、その中で火は消されないで燃え続けてきたんです。

それらはみな過去です。彼らは神様の目の前に栄冠を得るところを卒業して、信仰の馳場を走って行かれました。私たちの時代、私たちの内に燃えるものがありますか。私たちの時代、その火を次の世代に伝えていくことのできる火を持っているでしょうか。

ここには祭司の服装のことと共に灰のことが書いてあります。燔祭の場合には残るのは灰だけなのです。私は素晴らしいと思います。この先生はこういう中を通って、そして本当に全き献身をされた。素晴らしかったという先生が残るのではなくして、灰だけが残る。神様の御業だけが進んでいくのです。残るのは灰だけ。むしろいけにえは献げる前が素晴らしいのです。全き羊でなければなりませんし、完全な牛でなければいけません。けれども、一旦祭壇にあげられて燔祭となった時には灰だけです。

もし、きよめられた、きよめられたと言い、また思っておりながら、自分の素晴らしさ誇りみたいなものが残っていたら、きよめではありません。そんなのは、本当に壇の上に載せられて、聖霊の火によって焼かれて、灰になる。そして神様の御業だけが進められていくのです。

弾圧記念聖会、この時代への、そして私たちへのメッセージは一体何なんでしょうか？父親の心の中に燃えていた、この神の火です。消してはならない。私たちの内に与えられた素晴らしい恵みの火。これを消してはならないということなんです。昼も夜も明け方も燃え続けさせなければいけないだけではなく、今の時代、自分の内だけに燃えていればよいのではなく、この火は広がっていかなければいけないのです。ここに「今日の宣教的使命」とあって、素晴らしいと思いましたが、私たちが宣教的使命という時には、ただ単に福音のはじまりを言っているのではなく、救われた者たちが本当にきよめられて主のようになり、そして神様のご栄光だけのために生きることができる一人ひとり、教会となることです。そのようにきよめのメッセージ、全き聖化の宣証がなされる使命があるということなのです。

イエス様があのヨハネの福音書一〇章10節で豊かな命の話をしている時に、他の囲いの羊の話をしておられます。ホーリネスのメッセージをお互いホーリネスの枠の中で、自分たちのもののように専売という形でもっていくのをやめて、枠を取っ払って、イスラエルの羊だけでなく、異邦の国にまで伝道に行かれたイエス様のように、しかもより豊かな命を与えるために、それをお伝えするために出て行かなければいけないのではないでしょうか。

私は今、こういう話をしていますが、福音自由というものがいろいろな形で一つになり始めております。日本福音同盟、アジア福音同盟、世界福音同盟。福音自由が、聖書の権威と信仰義認によって一つになってますが、本当の一致は、一人ひとりが死んで、一人ひとりを通して、キリストが生きていくようにならなければ、実現しないと思っています。私は世界福音同盟の理事の一人として、日本、アジアから出されておりますけれども、五月の半ばにカナダで大会をやりました。長い長い歴史の世界福音同盟の中で、一つのトピックとしてではなく、主題の一つとして、「心と生活のホーリネス」について語ってくださいと言われました。分科会ではないのです。千何百人もの方々が集まられる、朝の一番の集会です。聖書の権威やキリストの主権やいろいろなものが語られる中で、「心と生活のホーリネス」。私は祈らされました。70％、80％の方々は我々の言っている種類のきよめはないと言う方々です。しかも世界のトップの方々が集まっておられる集会です。

私が祈りながら語った事は、私たち神の民に神様が要求しておられる事はたった一つ、きよくあることだ。「われ聖なれば、汝らも聖なれ」、二つ目に言ったことは、だけれども現実は福音主義のクリスチャンたちが汚い。牧師たちの心も汚いし、信徒たちの心も汚いし、って言いました。みんなシーンとしてしまいましたけれども、私は申し上げました。その汚い理由は何か、それは一致しているはずの福音主義の者たちが、新生、義認というレベルでは一致しているけれども、聖化を超教派に持ち出した途端に分裂してしまう。だから話さないことにしよう、お互いに持ち出さないことにしようということになり、ホーリネスのメッセージが教会で語れなくなってしまった。だから教会に質の低下が見えると語りました。そして、その中で私は申し上げました。私ども日本も宣教地だった。日本は西洋からの神学を受け入れました。その中にホーリネスの神学は二つあって、一つは体を持っている限り絶対にきよくならない、もう一つは体を持ったままきよくされるというもの。けれども、私はその前者の説を言う方々にお聞きしたい。どこに書いてありますか。体がある限りきよくなれないと。「むしろあなたがたの体を神が受け入れたもうきよき生ける供え物としてささげなさい」と聖書は言っているし、「願わくは平和の神ご自身が、あなたがたを全く聖くし霊も心も体も聖く保ってくださるように」と書いてある。私が見る限り、体だってきよくされることはあるのだけれども、なぜ体があったらきよくならないという説があるのでしょうか、というような素朴だと思われる質問の形で申し上げていました。

私は、一体なぜホーリネスを強く否定するような神学がはびこっているのかを調べてみたのですが、ルーツが聖書に行くかと思ったら、そうではなくて、ひゅっと横に行ってしまってギリシャ哲学の二元論に行っていることに気がついた。霊なるものはきよく、物質のものは汚い。体は物質だから体があるうちは汚い。二元論ならわかるけれども、聖書のどこにありますかという質問をして、皆さん、御言葉に戻りましょう。聖書がどう言っているかを見ましょうと、提言をしてきたわけです。

その後、神さまの恵みでしょう。多くの方々が来られ、原稿をくださいと声をかけられました。カリスマの方が来られました。それからカルヴィン系改革派の方々やウェスレアン系の方々、ホーリネス系の方々も来られました。二五人ぐらいの方々が来られて、神様の御名をあがめました。その中で、カリスマ系の方は、「私は世界のカリスマ運動のトップの一人です。私はカリスマ系に自分の生涯を全部売ってしまった、そういうものです」と言って来られました。何か反論があるのかなと思って構えたのですが、「今朝、あなたを通して神様が語ってくださいました。カリスマ運動にはは心のホーリネスというものがないです。私たちは今までどれくらい人を集めるか。どんな素晴らしい業がなされるか。奇跡だ、いやしだと、そればかりを見て、やってきました。しかし、私は個人的に言うと自分自身の心が汚いです」。そう告白されました。私は尊敬しました。そして祈られています。カリスマ運動に必要なのは、心と体のきよきだ。今度はカルヴィン系の改革派、長老派の方々が来られまして、名刺をいただくと、皆トップの方々です。「君、君は今朝、我々の神学の神経を手で触って、こうやってくれたよ」とジェスチャーを交えて言われました。私は怒っておられるのかと思い、心配して顔を見ましたらニコニコしておられる。「いや実は今コーヒー飲みながら三人で集まって話したんだ。君は聖書にあるかって言われたので、お互いに聞いたら、聖書にはないってことがわかったので、これは本気でもう一回聖書を見直さなければいけない。しかも体を持っていてもきよめられるっていうことはあるよなあ、ということを今、三人で話したところなんだ」と言っておられました。その方々には御言葉を共に学びましょうとお話しました。ホーリネス系の人が三人来られました。「二十年、三十年前までは、今朝、先生が話してたようなきよめのメッセージを一生懸命やっていたけれども、もうわれわれはしなくなったし、若い世代の者たちもしなくなってしまった。火が消えてしまったという事ですね。けれどもあなたが埋められた宝をほじくってくれたようなものだから本当に感謝している」と言ってコメントしてくださいました。

私が何かやってきたのではないのです。私は灰です。けれども神様が働いてくださって、今の時代、他の囲いの羊たちを含めてこの聖書のメッセージ、救われるだけではなく、きよめられるのだというメッセージ、きよめを保っていくことができるというメッセージが弾圧聖会の中だけでなされるのではなく、これを基にして、他のユースに広がっていくということが、神の我々に対するメッセージであると思います。その意味においてこの弾圧記念聖会が持たれていることを、本当に主の摂理だと思って感謝しています。どうぞ、神様から与えられたそれぞれの光に従って、壇を築き、新しい信仰と決意を持って進ませていただきましょう。ありがとうございました。

（第6回ホーリネス弾圧記念聖会・聖会説教　一九九七・六・二九　イムマヌエル聖宣神学院院長）

聖会立証

信仰を見倣いなさい

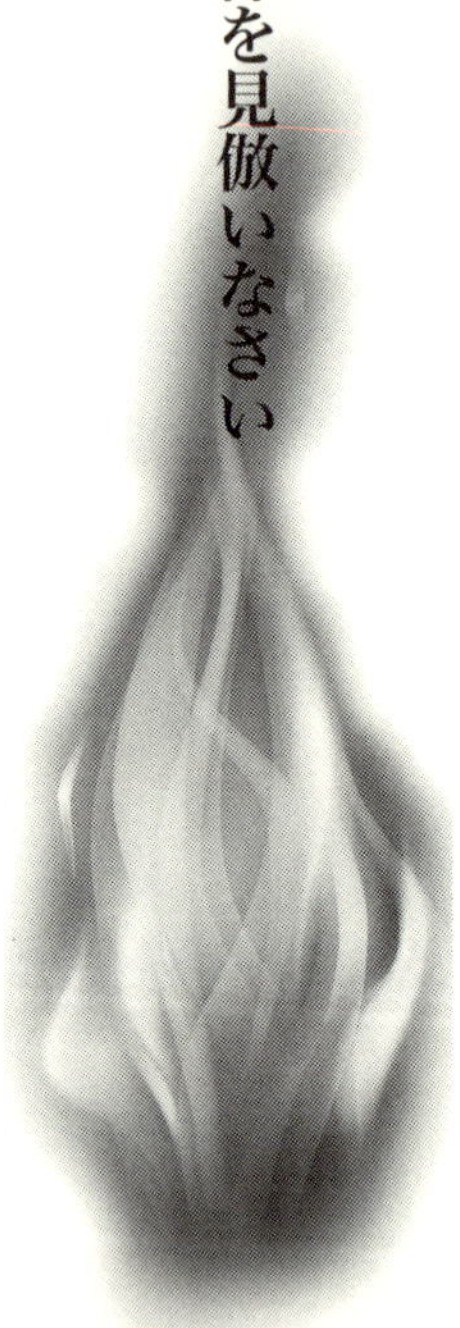

仲村　堪

「あなたがたに神の言葉を語った指導者たちのことを、思い出しなさい。彼らの生涯の終わりをしっかり見て、その信仰を見倣いなさい。イエス・キリストは、きのうも今日も、また永遠に変わることのない方です」（ヘブライ人への手紙一三・7〜8　新共同訳）

一九四二年六月二六日、六八年前のこの日、私どもの教会は弾圧を受けました。現在の淀橋教会の会堂は大久保通りにありますが、大久保通の向こうへ約三〇〇m行ったところに元の会堂がありました。早天祈祷会の真っ最中に踏み込まれて、小原十三司先生と副牧師であった神山良雄先生とが新宿の警察署に連れて行かれたのです。間もなく神山先生は四谷署に移され、小原先生はそのまま新宿の警察署に留められて約十カ月、当時でいうブタ箱で生活をなさいました。

神山先生のブタ箱生活については、ノミとシラミとダニと疥癬《かいせん》などで大変苦しかったなどと、当時の様子が詳細に記されているものが残っておりますが、私どもの先生はあまりそういうことを記録に残されておられません。説教の中で聞かせられたことは、なかったとは言えませんけれども、小原先生からの説教は悲壮なものではありませんでした。

私どもの日曜学校の生徒だった板谷利子さんは三～四年生位でしたでしょう。そのことを覚えておられますが、教会が礼拝を守ってはいけないということになり、閉鎖されたことから、現在もこちら側の隣、2～3分のところに柏木教会がございますが、その教会の先生方が受け入れてくださったので、小原慧子先生に連れてこられて、何人かの日曜学校の子どもたちはそこに行くことになりました。ただ、この淀橋教会は、弾圧のこと、一九四五年の大空襲で焼けたことなども重なり、敗戦後に復興するまで再開することはかないませんでした。

私の家族は、父と母と子どもたち五人の七人ともが東調布の警察署に呼び出されて、あまり細いことは覚えていないのですが、何か指紋を取られたようなことだけは確かでございます。一番上の兄が何かと答弁をしていたことを覚えています。その後、警察が家に来るということは私どもの場合はありませんでしたが、とにかく、教会には行ってはならないということでした。

五人兄弟全員が小原師に命名していただき、末子である私もヤコブ一・12から取っていただいたわけですが、母のお腹の中にいる時から八二年、兄たちからすれば、百十年の教会の歴史の中で九十年を超えて淀橋教会に集ってきております。気がついた時にはもう日曜学校に通っており、日曜日は教会に来ているのがごく当たり前のことでした。一九四一年の第二次大戦が開戦しても通い続けていたのに、小原先生が捕えられ、牢獄に入れられたことにより、教会に行けなくなった。いえ、私からすれば、教会に行かないでもよいとなった。そこで、絶好のチャンス、この時とばかりに、生まれて初めて日曜日、教会に行かない生活ができたわけです。なにしろ、母親の胎にいた時から淀橋教会にいた者でありますから、日曜日に教会に行けないことは一大事なのですけども、私はこの時とばかりに、自分が考え、思っていたこと、やりたいこと、いろいろなことを一気に始めていきました。結局、弾圧からの五年間、教会と世界を全く別にした日々であったわけですが、結果的には、実に無残な、私の敗戦の日々でもあったことになるわけであります。

やがて、一九四八年に教会が復興し、間もなく十九歳になるところで、とぼとぼと教会に帰ってまいりました。それから後の教会での説教の中に、先生の牢獄時代のことも時に伺い、聞きながら、自分がそのように過ごしている時に、国からの激しい尋問、国によって被告にされた先生の信仰の戦いは大変だったのだということを後々になって、わずかかもしれませんが、わかってきました。

一九五六年に結婚いたしまして、その半年後、一つの事件が私に起こりました。奇しくも六月二六日を覚える時期でしたが、そのようなことを心に留める余裕もなく、自分に起こった事件のことを小原先生にご報告申し上げ、とにかく祈っていただかなければということで、三十日に伺いました。弾圧が過ぎて十三年もたっておりましたけれども、その時、先生が私にイザヤ書五〇章10節を開いて読めと言われましたので、読ませていただきました。「あなたがたのうち主を恐れ、そのしもべの声に聞き従い、暗い中を歩いて光を得なくても、なお主の名を頼み、おのれの神に頼るものはだれか」。文語訳聖書から口語訳聖書に変えて一年と経っていなかったのですが、先生はこの箇所を私に三回繰り返し読ませた後、「僕もそれを口語訳で覚えることにする」とおっしゃられました。そして、私がそれ以降も聞かなかったような、静かで、あたかもご自分の密室で祈られているかのような祈りを私のためにささげてくださり、そして言われました。「しばらくトンネルをくぐるかも知れない、しかしそのトンネルをくぐればきっとその先は明るくなる」。イザヤ書の言葉を口語訳聖書でくださって、帰ってまいりまして家内に話をしました。ぼけの私は、ただ御言葉をいただいて、お祈りしていただいただけだと、いささか不満な思いも半分以上持っていたのではありますが、しかし、それは何よりも、先生があの弾圧の中で支えられた大切な御言葉であった。それを私にお分かちくださったものでありました。そして、この御言葉が私のそれからの生涯に、何かにつけて決定的に信仰の戦いを戦わしめる十分な剣となったのであります。

この度、証しをするように言われ、少し調べ直したり、読み直しをしました。

後々、黒木先生、峯野先生、本間先生方が編集に携わって、作り上げてくださった小原先生ご夫妻の霊想集『泉あるところ』は日課になっており、六月には、獄中書簡が五回まで記されております。

六月二十八日のところがちょうど「昭和十八年十二月二十八日午後　巣鴨拘置所にて」となっている第二十五信です。

小原先生の説教集『流れの小石』の「昭和二十九年十二月十九日淀橋礼拝説教」、私が二五歳の時の礼拝説教でありますが、そこに「私は戦時中投獄され、あらためて独房に移されてから八カ月目にいよいよ予審の調べが始まるという時、昭和十八年十二月二十七日、東京地方裁判所の地下室に入れられたまま、朝より夕方まで放り出されていた。その時終日の祈りのすえ『今日もまた　いたくまされる御心が　なされる事を　我は信ずる』と、夕には『なされし事を我は信ずる』と歌が生まれてきた。それ以来、獄中で祈るごとに『今日もまた……』と自然に湧き出るものがあって、信仰が全く現在的となり、新しくなったことを覚えている」と記載されております。

先生は巣鴨拘置所を朝引き出され、東京地方裁判所の地下室に放り込まれて、丸々一日信仰の戦いをなされました。先生もつらい時であったようであります。その時、暗い中を歩くという経験をなさったのですが、しかし、その中を通った直後に、第二十五信、「無限の感謝に候」とお書きになっています。「当方信仰と祈祷に余念なく過す時、朝には『今日もまた　いたくまされる御心がなされる事を　我は信ずる』と、夕には『なされし事を我は信ずる』と、平凡な日、期待に添わざるように思う日も、信仰のみはかく叫ぶを感謝する次第に候　昭和十八年十二月二十八日午後」、まさに、全く暗い中を歩くも、その闇は一掃されて、完全な勝利を持っておられたのです。その様子を少しは知ることができるようになりましたが、しかしそれが分かるようになるには、そう簡単ではございませんでした。

戦後の「日本ニュース」に、雨の拘置所を出て来た徳田球一さんが天皇制打倒をものすごい勢いで絶叫しておった。それが終わって、小原先生が出てきました。対照的に、教団の事務所でしたが、静かに主の前に立てさせていただこうする姿、「二人の勇者」とのことでありましたが、そんなことは知っておりましたけれども、具体的に、どのような受難であったのか理解しておりませんでした。

「もし信じるなら、神の栄光が見られると、言っておいたではないか」（ヨハネ一一章40節）と、その中から与えられた「神は、神を愛する者たち、すなわち、ご計画に従って召された者たちと共に働いて、万事を益としてくださることを、わたしたちは知っている」。これが、あの時、先生の前での朗読から得た、私の完全勝利の御言葉となりました。このローマ八章28節は、何かにつけて奥様との書簡の中で交わす暗号でもなっていたということでありましたが、イザヤ書五〇章10節とヨハネ一一章40節とローマ書八章28節、この三つをしっかりと結び合わせて、私どもの生涯を歩かせていただくお言葉としていただいたことであります。

それから三年。エリヤがケリテ川でカラスに養われ、信仰の戦いを通って、「多くの日を経て、三年目に」とあります。その三年、先生は国賊扱いにされて、原告人が国、私もその間に百万分の一にもなりませんが、民事訴訟の被告人にされて被告席に立たされた経験も持ちました。しかし、これらのことも、先生によって教えられた信仰の助けと祈りによって支えられて今日まで歩かせていただける身とならせていただきました。

私にとっての弾圧は、日曜日に行かなくてもいいということで飛び歩いてしまった者でございましたが、敗戦から三年目、一九四八年九月、十九歳で教会に帰ってきましてから、改めて神様のご教育と先生方のご教育をいただいて、今日まで教会の中においていただきましたことは、かけがえのない喜びと感謝でございます。今日までこのように来させていただいているお恵みを、感謝をもってお証し申し上げます。ありがとうございました。

（第19回ホーリネス弾圧記念聖会・聖会立証　二〇一〇・六・二七　ウェスレアン・ホーリネス教団　淀橋教会役員）

聖会説教

神の言を語った指導者たち

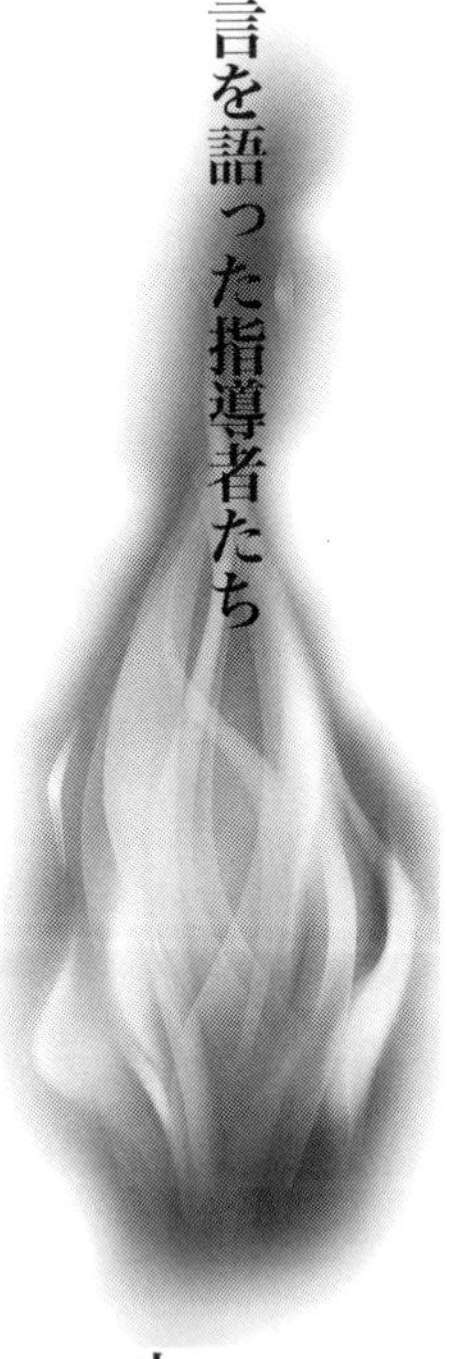

小林　和夫

聖会のご奉仕をさせていただくにあたり、午後の講演、また今の仲村兄の体験談を伺いまして、胸の引き締まる思いをさせられることでございます。平安無事であると言っていても、どういうことが起こってくるかわからないという今の時代に、これだけの皆さんと一緒に、私は聖書がどのようにこういうことをとらえているであろうかを学びたいと願っています。

ヘブル人への手紙一三章7節をお読みいたします。

「神の言をあなたがたに語った指導者たちのことを、いつも思い起しなさい。彼らの生活の最後を見て、その信仰にならいなさい」。

ここから、私は皆さんと一緒に、私たちの先輩たちがこのような弾圧を受け、投獄されて裁判にかけられ、苦い経験をなさったことをしのびながら、さらにそれを記念するだけではなしに、私たちの信仰に問いかけをしていただき、もし私がそうだったら、どうしただろうということを考えてほしいと思います。私もそのつもりでここに立たせていただいておるわけです。

ヘブル人への手紙は、ちょうど時代が変わって行こうとする転換点に書かれた手紙であろうと言われております。というのは、すでにローマの皇帝ネロがクリスチャンを迫害していたという時代でありましたし、原始教会の火の燃えるような聖霊による伝道の歩みがひとまず静まり、そして教会形成期に入っていくような時期であったからです。大変なことであったと思います。

転換期にローマ皇帝の迫害が始まっていたということは、私たちが心しなければならないメッセージだと思いますが、このヘブル人への手紙は、ヘブライ系のクリスチャンになった方々に対して書き送られた手紙だという風に常識的には言われるのですが、決してそうではなかったようです。これは、転換期に立って、ネロの迫害を受けている教会が苦難の中で、そして、ある人々は集会をやめてしまったり、元のユダヤ教に帰って行ったり、いろいろなことがあったようですが、そのような中でこの手紙は書かれました。有名な言葉でありますが、「ヘブル書の著者というのは神様だけが知っておられる」ということでございまして、歴史的にこれを同定することは大変困難なことなんですけれども、ヘブル書の記者がこれを書きました時に、今日、ヘブル人への手紙を研究する人々に言わせると、これはヘブル人への手紙というのではないのではないか、なぜなら、一三章22節にこういう言葉があるんです。「兄弟たちよ。どうかわたしの勧めの言葉を受けいれてほしい。わたしは、ただ手みじかに書いたのだから」。ここに「わたしの勧めの言葉」と書いてあります。これは、どうも個人的な手紙ではなかったようだというわけです。一般に言われているパウロの書簡とか、誰の書簡だといったようなことで同定してしまうことはできない。

一つの文化の栄えた、特にキリスト教がヨーロッパへと広まっていった先に、一番最初にユダヤ人たちの間にギリシャの文明が押し寄せてきて、人々がヘブル語で旧約聖書を読むことが困難になってきました時に、この人たちが紀元後二世紀、大体そのくらいの間を見るわけでありますが、その間に世界で最初の聖書の翻訳ができあがりました。『七十人訳聖書』というんですが、七十人の学者たちが集まって、ヘブル語の言葉を初めてギリシャ語に訳すということが起こりました。その後の人々が、しばし『七十人訳聖書』を用いて、自分たちの信仰の生き方をそこから読み、探っていたと見ることができると思うのです。そう思いますと、これはヘブライ人からクリスチャンになった人へというだけではなく、たぶんローマとかエペソであるとか、いわば文化的レベルの高い人たちに対して書かれただろう。ですから、今日の学者たちは、これは説教だったというんです。普通の手紙ではなく、このヘブル書の記者がものすごい速度で時代が変わろうとしている時に書いたのは、説教であった。そのような時代であるということがよくわかるような人たち、たぶん、アレクサンドリアの近くでヘレニズムの教育を受けたりして高い文化的なレベルを持っていた学者のような人々の中からクリスチャンになった人たちもいただろうし、あるいはローマの教会にもそのような教養を身につけ、クリスチャンになった方々もいて、ユダヤ人であるというだけではなく、異邦人も含んだ、そういう人々に書かれた説教であったという風に言うわけであります。

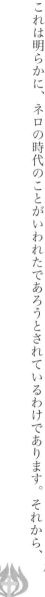

説教とは、パラカレオウという、励ましとか慰めと訳せる言葉になるわけですが、時代はそんなに悠長な時代ではなく、あのローマ帝国のネロの迫害が始まっていたわけです。このヘブル書を見ましても何カ所かそのことが出てきます。一〇章32節から少しみてみます。「あなたがたは、光に照されたのち、苦しい大きな戦いによく耐えた初めのころのことを、思い出してほしい。そしられ苦しめられて見せ物にされたこともあれば、このようなめに会った人々の仲間にされたこともあった。さらに獄に入れられた人々を思いやり、また、もっとまさった永遠の宝を持っていることを知って、自分の財産が奪われても喜んでそれを忍んだ。だから、あなたがたは自分の持っている確信を放棄してはいけない。その確信には大きな報いが伴っているのである。神の御旨を行って約束のものを受けるため、あなたがたに必要なのは、忍耐である」。

これは明らかに、ネロの時代のことがいわれたであろうとされているわけであります。それから、一三章1節から、「兄弟愛を続けなさい。旅人をもてなすことを忘れてはならない。このようにして、ある人々は、気づかないで御使たちをもてなした。獄につながれている人たちを、自分も一緒につながれている心持で思いやりなさい。また、自分も同じ肉体にある者だから、苦しめられている人たちのことを、心にとめなさい」。この二カ所にその背後に何としても逃れきれない、小国・小さな町では耐えきれないようなローマの権力の圧力をずっと身に感ずるように押し迫っていたという時代と言われるわけであります、真にそうであろうと思うのです。

そのような時代に書かれた手紙として、今読みました一三章7節の言葉を思うわけですが、そういうのっぴきならない時代の変わり目、ローマ帝国の権力が自分たちを圧迫してくるというその中で、「神の言をあなたがたに語った指導者たちのことを、いつも思い起しなさい」。記憶しておきなさい、覚えておきなさいよという簡単なことではありません。これは、私たちのホーリネスの先輩たちが迫害を受けて、国家的権力に押しまくられたあの時代とよく似た様相だと思うのです。そういう時に、ヘブル人への手紙の記者は、「ヘブル人」という人々に宛てたこの説教の説教者は、「神の言をあなたがたに語った指導者たちのことを、いつも思い起しなさい」と語った。

本当に悪い時代、本当に大変だ。今のような感じがしませんか。経済的にも、文化的にも、いろいろな意味で世界が行き詰まっている。日本の国も含め、何をしてみても気が晴れないような、そういう気持ちを持っておられると思います。そのようなぬぐうことができない国家権力の暗雲が、自分たちを取り囲んでいる、そんな時代に、あなたがたに神の言葉を語ってくださった先輩たちが言っていたことをよく聞きなさい、「いつも思い起しなさい」です。この思い起こすというのは、記憶の端で、そんなことがあったな、あんなこと話してくれたなということだけではなく、「to be mindfull」。心にいっぱいになるよう、掘り起こして、ためて、自分に対する戒めを聞き、あるいは恵みをその中から汲み取るようにとしなさいというお勧めであったと思います。そういう神の言葉を語ってくださった人たちのことを思い起こしなさい。

弾圧を受けましてから満六八年が過ぎたわけでありますが、年配の中でも、徐々にただの記憶で終わってしまうようになっていないか、私たちの先輩たちが出会った苦悩を、この大変な出来事を、ただ記憶の中に留めておいたけれども、記憶も薄れ、年を取ってきたからおぼろげになっちゃったということではいけません。神の言葉を私たちに告げてくださった、その先輩のことを思い起こしなさい。「to be mindfull」です。その先輩たちの語った言葉で心が満たされて、神様が今の彼らの言葉を通じて、私たちに語り続けておいでになるということを知ってほしい、それがこの説教者の意図したことだと思います。そして彼らの生涯を見て、その生涯にならいなさいと書いてある。ただ思い起こしてそうだったな、大変だったな、殉教者は大変だろうということを客観的な事実ではなく、私と関わっていることとして、私の先輩たちの苦悩をどう受け取っていくか、また私たちはそれを後の人々のために、どのようにして生かしていくべきかということを、心に留めなければならないと思わされるのでございます。

ここに、神の言葉を語った「指導者たち」と、複数になっています。小さな集会の中で家庭集会のような場所で語られた言葉であっても、それを思い起こしなさいということであったと思います。特にヘブル人への手紙の説教者が、神様の言葉を語った指導者たちを紹介した一一章のアベルから始まり、アブラハムやモーセと続いていく記述です。信仰の証人のいうことをよく心に留めなさい、覚えなさいということであったでしょう。そして、それら信仰の勇者たちはどのような人たちであったかというと、神の言葉に聞き従い、どんな苦難の中でもその御言葉によってovercome、困難を克服しながら歩んできた人たちである。その人たちの言うことをよく聞くべきであると、民たちに要求したと見ることができます。

キリスト教の二千年の歴史を見てみますと、いわゆるキリスト教は世界の歴史の中でちやほやされて、「ああ、クリスチャンか、教会か、ならばどんどんやってくださいよ」と言われた時はなかったようです。本当に迫害に迫害を重ねてくるような、まさにヘブル書の背景にネロの迫害の手を感じるような、そのような時に、神の言葉を語った人々は、語っただけでなく、そう行動した。そう信じて生きた。その彼らの後づけをしなさい、「ならいなさい」ということです。下敷きにして、私の人生はこう行くべきなのだということを、そこから知っていきなさいと言ったのが、この「神の言をあなたがたに語った指導者たちのことを、いつも思い起しなさい。彼らの生活の最後を見て、その信仰にならいなさい」なのです。

神様は、昔は多くの預言者たち、あるいは人を通じて神様のみ旨をお語りになった。そして、そのお語りになった言葉を聞いた人々は、まさに一一章に出てくる信仰の列伝の中に名を重ねた人々でもありました。そして、いろいろな時代に、いろいろな方法で、いろいろな人が語ったけれど、末の世にはついに神様がご自分から乗り出して、御子イエスをこの世界にお遣わしになって、ご自分を明らかにされた。一章1節にはそのように書いてあります。神さまは、「この終わりの時には、御子によって、わたしたちに語られたのである。」（2節）というそれであります。

こうした信仰列伝をずっと見、私たちが学ばなければならないことは、それらの言葉を思い起こして、記憶したり、自分の心に留めたりしたわけですが、私は一番最初に、アベルのことを思うのです。アベルという人は信仰によって神様にいけにえをささげて、それが受け入れられたと書いてあります。皆さんもご承知のように、アベルはアダムとイブの息子です。お兄さんにカインという人がいました。弟アベルは後でカインに殺されてしまいます。一番最初のアダム、イブが神様によって自分たちの罪のいやしをいただいて、神様と交わることができるような者とされたわけですが、いつでも彼らは食卓を囲んだり、家庭生活の中で、自分たちが罪を犯して滅ぼされてしまうはずなのに、神様の前に出ることができるようになったかということを語っていたと思うのです。カインもアベルもお父さんやお母さんの話を聞いていますと、日曜学校の話のようになりますが、しかし、重要なことです。アベルは生きた動物のいけにえを神様にささげて、受け入れられました。カインはどうもお百姓さんのようでした。自然界の産物をそのまま神様のところへ持って行った。そしたら、神様はカインのささげものは退けなさった。そして、アベルのささげものを喜んで神様がお受けになったということが創世記の中にでてきます。信仰列伝の中でも最初に出てくるのはアベルです。弟のほうなのです。

アダムとイブが寄ると触るというという風にでしょう、「滅ぼされてしまうべき私たちが、神様の前に出るようにさせてくださったんですよ。神様が一枚の皮衣を私たちのために作ってくださった。その皮衣を着て神様の前に出ることができるようになった。イチジクの葉で自分たちの恥を隠そうと思ったけれども、太陽が照ったらチリチリに枯れてしまうような衣では、神様の前に出ることはできなかったからだ」と語ったであろう。そして、お父さん、お母さんの話を興味深く、アベルもカインも聞いただろうと思うのです。しかし、カインは「あぁそうか」で終わったのでしょう。ここなのです、問題は。

アベルは「信仰によって」と書いてありますから、お父さんやお母さんが言っていた、「どうして神様の前に滅ぶべき者が出ることができるようになったか、それは、神様が皮衣を着せてくださったからだ」。皮衣が存在するということは、一匹の動物が殺されて、その命が奪われているわけです。ですから、アダムとイブは動物の命を着るようにして神様の前に出たということができます。本当は、自分が滅ぼされてしまうべきものを、自分の罪のために動物がいけにえになって死んでくれた。お父さんやお母さんから聞いていたアベルが、神様の前にささげものをしようと思った時、どういうささげものをしたでしょう。たぶん羊だと思いますが、彼はそれを飼っていました。本当に家族のように愛している羊でありました。けれども、神様にささげると言ったら、一番良いものをささげることが神様のお喜びになることだということをアダム、イブから聞いていたと思います。そこで彼は、自分のかわいい羊をほふって、神様にささげました。

このことからもわかるように、信仰の指導者のことを思いなさいというのですが、もちろん中には学者もいるでしょうし、力強い権力者がいるということで証しもできたでしょうが、実は皆さん、家庭における家長、両親が子どもに対して、経験した恵みをいつも話していないといけないということです。クリスチャンの学校に入れたらクリスチャンになれるということはないです。教育の延長線上に生きた信仰が出てくるのではない。私はそういうことを思います時に、ヘブル書の記者がなぜ、最初にアベルのことを挙げたのか。ダビデやヨシュアやモーセと比べたらアベルなんて小さいものですよ。でも、アベルのささげた行為というのは神様の最も喜ぶべきものであったからなのです。そして、ここでヘブル書の記者が言う指導者たちとは、特定な学校の先生であるとか学者ではない。政治家が言ってくれたからではない。家庭において、神様の言葉を聞いた者がそれを子どもたちに語った。

私は車田秋次先生の弟子です。自分が献身した当時、十年位は先生のカバン持ちをして、あちらこちらへ行ったことがございます。そのような中で、どんなにこの神の器から私は神様の言葉を聞いただろうか。うまいことを言う、人の知らないことを言う、ということでは決してないのです。私を生かす。私がどんな試練に遭っても、人生のどういう課題に遭っても、その先生のお言葉を思い出し、先生が伝えてくれた御言葉に私が直接触れる時に、先生に語りかけられて開かれた神の言葉は、私にも開かれて私をして信仰者たらしめているということを、本当に思うのです。

語ってくださった方々の、彼らの生涯、生活の最後を見て、その信仰にならいなさい。イエス・キリストは昨日も今日もとこしえまでも変わることはない。創世記のアダムとイブの家庭のテープルに、もうすでにイエス・キリストの影は差していました。御霊がそこに働いて、文化もそんなに進んでいなかった時代に、御霊が彼らに語り、神様の胸中を彼らに啓示していたことを見ることができるように思います。

神の言葉を私たちに語ってくれた先輩たちのことを思い起こすことはとても大切なことだと思います。「To be mindfull」。私たちは見なくてもいいものを見たり、聞かなくてもいいことを聞いたりして、頭の中が一杯になってしまって、もうこれ以上入りません、満杯ですというような状況があるわけです。今日、こういう先輩たちの残してくださった遺産を、私たちがどのようにして生き、そして後世の人たちにバトンタッチしていくのかというのは非常に重要な問題だと思うのです。神様もまた、そこに期待しておいでになると思うのです。

今日、この聖会においでになった方々は本当に選ばれた人々だと思います。責任重大ですよ。「何、俺一人ぐらい、今度の日曜日は礼拝出席をやめて、釣りに行っても良いだろう」そんなことを言ってはいけません。御言葉は私たちの指導者によって語られた。両親であろうが、あるいは先輩であろうが、教師であろうが、語られた御言葉が、語る者と聞く者があって、そこに命となって働いていくわけです。そのことを思いますと、私はアダムとイブの家庭もそうですけど、後のモーセの生涯でも、アブラハムの生涯でも、「神様が語った」、「そして神様が語ってくださったことに対してお答えをした」と、子どもたちに教えていった人々が、どんなに多くいただろうかと思います。

アブラハムの選びをご存じですね。アブラハムは神様から選ばれた。しかし、どうしてあの時、神様がアブラハムを選んだかについては、世界中の学者がいまだに精査して、あるいは調べて、考えて、わからないことになっています。でも今日は、そのわからないことについて、一言言いたいと思っています。

創世記一八章を見ますと、神様はこうおっしゃっています。「わたしがアブラハムを選んだのは、この人にわたしの御心を託したら、この人は子々孫々にまで伝えていくことができると思ったからだ」、そう書いてあるのです。旧約聖書神学者も、いろいろな文献を調べることができる学者たちもわからないことです。でも、神様はアブラハムという一人の存在を見た時に、この人だったら、自分だけではなく、彼の子孫にもこのことを伝えていくことができるなと思《おぼ》し召《め》し、お選びになったと思います（創世記一八・19）。

今晩お見えになっている皆さん方もそうだと思います。私は違うんじゃないかな、先生がそうおっしゃるのは私が違うということを気づかせようとしているんじゃないだろうか。そんな事は思ってません。でもね、あなたがたがわたしを選んだんじゃないとおっしゃった。わたしがあなたがたを選んだのだと神様はおっしゃった。その神様が、私たちにそのような使命を与えていてくださるということを思うのです。御言葉を語って行く、そして語った者のその言葉を聞く、聞いてその言葉を次の人たちが生きていく時、生きた信仰、生きた宗教というものがそこに形成されることを私たちは見ることができると思うのです。

そして、信仰の列伝の最後に何が出てくるかと言いますと、筆を変えるようにして一二章2節に入って、よく皆さんが知っている言葉が出てきます。「信仰の導き手であり、またその完成者であるイエスを仰ぎ見つつ、走ろうではないか」。信仰の導き手、またこれを全うする者なるイエスを仰ぎ見るべし。

最初から、いろいろ時代に語ってきたよ、というのではなしに、末の世には御子が語りかけてくださった。そして、その人々が御霊によって、御子の言葉を旧約聖書の歴史の中にさえ予告して、イエス様にまで来たわけです。「信仰の導き手、またこれを全うする者なるイエスを仰ぎ見るべし」と言いました。信仰の導き手、あなたがたに神の言葉を教えてくれた指導者たちのことを思いなさいといいますが、ここでは、私たちの信仰の導き手というのはイエス・キリストですね。信仰の導き手、これはある英語の訳には author（＝著者）とあります。文学者が文学を書き上げる。詩人が詩を書き上げる。その著者という言葉なのです。私たちの心の中に言葉を音声で理解させるという理性どまりではなく、理性の壁を突き破って、魂にまで語り込んでくださる。その言葉、イエス・キリストのこの言葉である。だから、イエス・キリストこそが私たちの心の中に信仰を作り出し、書き込んでくださる方、authorだ。白い紙は置いておいてもいつまでも白い紙です。けれどもそれに書き込みを入れていきますと、だんだんにその人らしいものが出てきます。有名なジョン・ロックという人は、人間は生まれたばかりの時には白紙のようなものである。けれども人間はいろいろなことを経験することによって、自己の心の中に経験を書き留めていく。ロックは、人は経験によって作られるのだという言ったわけですけど、それを超えて、イエス様は信仰を私たちの心に作り出してくださる方だ。信仰のauthorだ。小林和夫というストーリーもまた、未信者であって滅びる者であった者が救われて、神の子になって、あまつさえ伝道者になって神の言葉を預かって語る者にせられたというそのことを思います時に、神様がそういう風にしてくださったということです。私の内に私の信仰を作り出してくださって、献身にまで導いてくださったということです。

歴代のアベルから始まってエノクを通し、あるいはアブラハムを通し、モーセを通し、ダビデを通し、そして旧約聖書の中を一貫するわけですが、まだこの地上に目に見えるかたちでおいでになっていらっしゃらなかったイエス様が、霊において御霊によって、彼らをそうしたんだ。キリストの内にある霊がそうしたんだ、とペテロは言っておりますけれども、まさにそうだと思います。

そして、そのイエス様は今、私たちの内に信仰を作り出してくださる方だ。だからね、信仰がない、今日はダメだわ、明日はいいかもしれないとか、寒暖計みたいに上ったり、下りたりするような信仰ではなくて、この神様が私たちに作ってくださったものであるならば、私たちは全霊、全身でそれを受け止めたらいいですね。そうしたら、私たちの信仰はそこで生まれて成長していきます。そしてありがたいことに、この信仰の導き手は完成してくださる方だ。「信仰の導き手、またこれを全うする者なるイエス」、完成してくださるのもイエス様だ。つまずく事があるだろう、倒れる時があるだろう。しかし、全部百も承知、合点で選んでくださった。皆さんもそうですよ。あなたが強いからとか、微動だにしないから、だから選ばれたなんて人は一人もいないんです。間違ってはいけない。これを完成してくださるお方はイエス・キリストであると一二章2節で言っているわけですね。私はそのことを思いますと、指導者たちが語ってくれた神の言葉をいつも思い起こしなさいということは、これは皆さん何千年という悠久の時を必要とする出来事ですよ。ある人はイエス様を信じたのが瞬間的であったでしょうね。求道してきた、悔い改めた、信じてそして救われたっていうそのこと。そのように神様の恵み、御言葉が私たちをそうしてくださり続けている。皆さん教会の二千年の歴史もそれなんです。教会が立っていろんな迫害やいろんな試練に出会って今日まで来ているわけでありますが、そこを神様が助けてくださったなということを思うのですね。もっともっと、申し上げたいことがあるんですけれども、またの機会にと思っているのです。

さて、次のこととして私は、私たちホーリネスの先輩たち、ということを考えてみたいと思います。私たちの先輩は、日本の軍部を手先にし、あの不幸な戦争に私たちを巻き込んでいったその国家権力のもとに迫害せられて、罪人として、思想犯として捕らえられたのですが、私たちの先輩はどういう風に過ごしてきたかということです。

私は私の身の回りにいらっしゃる方々のことしかよくわかりませんから、他の教会のことは皆さんがご想像くださったらいいと思っていますが、例えば私は、私の聖書学院の先生で、有名な『旧新約聖書講解』の著者、米田 豊先生を思うのです。先ほど司会者の方が、「米田先生は今様のヨブだ」と言われました。六人いた子どもさんは体が弱く、次々召され、そして奥さんも病気になる。その苦しい中で捕えられていったんですよ。私はご本人から聞いたんですけれども、米田 勇先生という米田先生の息子さんがいらっしゃいますが、「お前も本当は連れて行くんだが、あのお母さんがずっと寝たきりでおいでになるから、お前は見逃してやったんだよ」と特高に言われたということを聞いたことがあります。ところがその先生が牢獄に入って、家族を置いてどういう思いであったか。皆さん、私は先輩たちがそういう迫害に遭った時に、その迫害の苦悩というのはその当事者自身だけではなかったろうと思うのです。ある時には、奥さんの方が、あるいは子どもたちの方が苦しく思ったこともあっただろうと思います。

米田先生が牢獄の苦悩の中を通った時、終戦後、聖書学院ができて教授になられたわけですが、私たちが「先生、何か御言葉を書いてください」というと、いつも「いつも喜んでいなさい、絶えず祈りなさい、すべてのことに感謝しなさい」と書かれて、その後に必ず「獄中苦難の中にて」と書くのです。投獄せられて、罪の覚えのない先生ですけれど、子どもを失う苦悩、そして病気の奥さんを残していかなければならないのに特高に連れられて行ったという、どんなであったであろう、その先生がですね、獄から出てきた時に何と言ったかといいますと、「いつでも喜んでいなさい、絶えず祈りなさい、すべてのことに感謝しなさい」です。常時喜悦、不断祈祷、万事感謝。米田先生は本当にこの通り生きなさった方だ。この御言葉は、きよめられた人の生涯というのは、そうでなければいけないということを学ばされますが、米田先生はそれを牢獄の中で、どのように味わいなさったか。ホーリネスの指導者の一人であった彼から、そのように忍び抜いたということを伺ったことがあります。

山崎亭治先生は同じく東京聖書学院の教授であられました。私のギリシャ語を育ててくださった方です。この先生は、入獄中に、もうそれこそお腹がすいて、お腹がすいてたまらなかったと言っておられました。食べれば、食べるほどお腹がすくんだって、大変な飢餓状態に落とし入れられたというんです。でもその時に、この先生はヘブル語をよくやった人ですから、いつでもヘブル語で「主は私の牧者であって、私には乏しいことがない」という御言葉を、何回も何回も繰り返しながら神様の前に言ったそうです。自分は乏しいんだ。お腹がすいているんだ。食べれば食べるほどすくような状況だ。でも、その私は乏しくはない、私の心は天に向いて開かれている。そして御声が聞こえてくるという生涯を山崎先生は送られました。

私の友人の一人で、親しくしていただいた日本基督教団の総会議長を何回かしました辻　宣道先生は、牧師でもあったお父さんが弾圧で捕らえられ、獄中で殉教するのですが、その時に、お父さんが上申書を書いて、何とか国家の方で少し緩めてもらいたいという気持ちがあったんだろう、それを書いているのを見たと言っておられました。「あれ、お父さんの信仰は曲がったのかな」と思ったそうです。お父さんは結局捕えられて、牢獄の生活を送られました。そして病気になって、とうとう獄死なさったのです。そのお父さんの亡骸を引き取るようにと、お母さんとそれから辻宣道先生が長男ですから行った。そしたら、樽にお父さんを座るようにしてぎっしり詰め込んで、寒い厳寒の地です。凍りつくような中で、いや恐らく辻先生のお父さんは凍ってしまわれたのでしょう。それを馬車で運んで行くと、その樽と遺骸とがゴトン、ゴトンとぶつかるのだそうです。

その樽から聞こえる音を聞きながら、辻先生は「どうしてこんなになったんだ」と思って、どんなに悲しくなったことかと言っておられました。そして、こうなったのは、たぶん父があの時、信仰を捨てたからだろうかと思っていたそうです。

それで先生は、どうかそうでないようにという思いで、その後、お父さんを知っていらっしゃる人を全国を訪ねて回られたんです。「お父さんの最後はどうでしたか」ということですね。捕らえられていく前です。いろいろな人がいたそうです。「信仰なんかなくさないよ」、「信仰を持って行ったよ」ということを気休めのように言ってくれた人もいたようです。ところがあるところに行きました時に、そのお婆さんが辻 宣道先生に言ったそうですよ、「先生、あなたのお父さんはね、『自由になったら、もう一度伝道しような』と私に言ってくれましたよ」って。あの総会議長をした辻 宣道先生が、涙を流して私にその時の話をしてくださった。こんなにもイエス様のために働いたのに、どうしてイエス様、これはどういうことなのですかと、先生は思ったそうです。けれども、そのお婆さんが「獄から出たあかつきには伝道しようね」と言っていたよと教えてくれた。「ああ、親父の信仰はあったんだ」と小躍りするような気持で、その老婦の言うことを聞いて帰ってきたと辻先生はおっしゃいました。大きな声で言ってはいけないと思うのですが、「俺はね、日本基督教団の総会議長を辞めたら、ホーリネスの群れに入って、ホーリネスの人々と一緒にやるんだ」と言っておられました。

中国教区で催す聖会によく招かれて広島に行っていました。藤川といって車田秋次以下十二名のホーリネス指導者たちの弁護に当たったクリスチャン弁護士がおられます。その方が亡くなり、息子さんの代になっていたのですが、その息子さんが私の集会に何回か出てきてくださっていたのですが、ある時、夜の集会が終わってお帰りになってから宿泊先に電話をくださったんです。「先生、明日お帰りになるそうですけども、お帰りになる時に駅でちょっと会ってくれませんか」ということでした。「よろしいですよ」とお返事して、広島駅でお会いしたんです。藤川先生の息子さんは、広島女学院の宗教主任をしていた人ですから、インテリのキチンとした人です。紫の風呂敷包にこのくらいの冊子と、ガサガサ紙の音がするようなものを包んで持ってきて、「先生、私は先生の聖会に毎年出ています。この時が一番良いと思って、お渡ししたいものがございます」と、こうおっしゃたんです。それは車田先生の裁判の予審調書でした。藤川弁護士、つまりお父さんが持っていらっしゃったんです。もう国の方ではそんなものは空襲でみんな焼けちゃった。同志社大学や天理大学も、あるいは宗教団体が、弾圧の資料を集めている時でありましたから、「私は同志社へでもこれを持って行こうかと思ったけれども、これはホーリネスの先生に渡した方がいいと思う」、そうおっしゃった。

「これは大事なものですから、解いて目を通してください」と言われましたので開けると、車田先生の裁判の予審調書、そして車田先生の日記が出てきたんです。当時の紙のない時代ですから、広告の裏を折って、綴じて、日記にして。今も聖書学院の図書館にはそれが飾ってありますが、その日記が何冊か入っていて、それを包んで来られたのです。「先生、これを公の目に触れさせてほしいんだ。父が計らずも手に入れたんだけれども、これはあなたに渡した方がいいから、渡しますよ」と言って渡してくださったのです。当時、千代崎先生が車田秋次全集に取り組んでいる時でしたので、一番適切に処置してくれるなと思いまして先生にお渡ししたんです。

私も全集の編集委員の一人でありましたが、その作業中に、広告の紙を折って、書いたりした日記が手渡されてきたんです。今、是非この日記そのものでもいいから冊子の中に入れて保存してほしいと申し上げたんです。裁判が終わって弁護士さんが黙ってしっかり持っていたものを、その弁護士さんの息子さんが私にお渡しくださって、「先生まず目を通してください。」書かれた後、初めてだったと思うのですよ。私はそれをじっと読んだ。

どれほど感動したかわかりませんが、その中で車田先生がこう言っているところがあるんです。これは、皆さんに申し上げておきたいと思うんですが、本になっていますからお持ちの方は読んでください。そこにこう書いてあるんですね。「とにかくこれにて一般公判は求刑に入りしものというべく、経過結果いずれも決して楽観し得ざるはほとんど確実というをべく、我らはこの際、新たに上を仰いで特に主の御手のご活動を希望するのみである。我らはダビデのごとくエホバの御手に陥らん。人の手には陥らじ。ああ主よ、これを天よりみそなわし、御旨を完結なしたまえ。余はその助けによりて、この半月不十分ながら、偽らざる真実を続けて今日に至り得たることを神に感謝せざるなり。ルーテルのごとくに我も言わん。我はここにあり、何事をもなすこと能わず。主よ我を助けたまえ。アーメン」。

これは車田先生がその裁判の終盤、一つの公判の終わった時に、自分の牢にお戻りになって書いた日記です。本当に誘導尋問にかけられるような、いろいろなことがあって、彼らの思う通りになって行くような気がする中で、皆さんご承知のように、マルチン・ルターは免罪符、あるいは行いによって義とされるということをローマ法王が言いました時に、それを断固として蹴り、九十五箇条をヴィッテンベルクの城壁に釘付けにして宗教改革を起こした。ペイントンのルター伝を見ますと、ルターがローマ皇帝の命令で議会に召喚される事になった。友達はその場に行くことを止めました。ところがルターはその時友人に「建物の瓦の数よりサタンがいても、私はヴォルムスに行く。そして、キリストの証しをするんだ」と言ったとされる。そのヴォルムスに行きました。「マルチン・ルターよ、お前はあの『キリスト者の自由』という書物を引っ込めないか。そして、行いによって義とされるということについて賛同しないか」と、撤回を迫ったのです。けれども、ルターは、「私は今ここに立っています。神よ、この私がなすべきことは何もありません。真理のためにこのことをしようとしました。私を助けてください。アーメン」と祈った。その祈りを覚え、車田先生もあの牢獄の中で、「私は、この信仰に立っています。今、私がなすことは何もありません。神よ救いたまえ。アーメン」とお祈りをなさって、その日を閉じているんです。

もう一つは、先ほどよりももっと追い詰められた場面であっただろうかなと思うのですが、予審調書といって、普通の裁判にかけられる前に、特定の判事があらかじめ裁判になってからもうまく運ぶように予審をする。その調書があります。予審判事と、裁判所の書記とそれから車田先生と、密室の中で三人、十何回の予審公判をするんです。そして、その最後のところにこういうことを書いていています。

「なお、聖書の律法それ自体ではなくとも、国の法律に反する行為も、間接的に神の律法に属する行為として罪なのであります。それはローマ書一三章1節、2節に示されておりますように、神は摂理の内にこの世の権を立てた人間を治めしめ、この世の権、即ち国の法律に従うべきことを命じたもうのでありまして、このことにつきペテロ第一の手紙二章13節、14節には「なんじら主のためにすべて人の立てたる制度に従え。あるいは上にある王、あるいは悪をおこなう者を罰し、善をおこなう者を賞せんために王より遣されたる司に従え」と示してあるのであります。かように、原則として国の法律は道徳の上にまた神の律法の上に立っておるものと見るべきでありますが、聖書の律法と国の法律と矛盾する場合があったとすれば、その時には、国の法律以上に神の律法に従わなければならないのでありまして、結局、殉教するほかはないのであります」。

私はその晩、調書を読みまして、ここに進みました時に、本当に胸が裂けるような思いがしました。国権で脅しをかけられておりますそういう中で、誘導尋問のようにされてそういう風なことを彼らが要求する。けれども、国の法律と聖書の言うところが矛盾することがあったら、その時には殉教することになるでしょう。と車田先生がおっしゃったこの言葉が、皆さんね、こんなものとっくに焼けちゃってないだろうと思っていた。あったんです。それが出てまいりました。私はそのことを思いましてね、今日もう詳しい話をすることはできませんが、本当にその時一晩中泣けてね。ああ、私の尊敬する先生が密室の中で予審判事と裁判所の書記と先生だけだから、その言葉を左右することもできるだろう。別に少しくらい間違えたって、別のこと言ったって、「イエス様なんか信じません」と言ったって、誰にもわかりはしない世界でのことです。けれども車田先生は、もしもそういうことが起きた時には、殉教する以外にはないでしょうと言われた。それが予審書に書いてあった。皆さん、それが藤川弁護士の息子さんから私の手に渡され、千代崎先生に渡されて、先生がそれを車田秋次全集の日記の編に記したわけであります。

話したら長くなると思いますが、小原十三司先生も、独房の中で長くなったものですから、長にされて皆さんから尊敬されるような立場で獄中を過ごしたそうです。その中で、一人のヤクザの青年がお救いにあずかったということを記しておりますが、それを読まされた時、本当にそう思いました。神様はすべてのことをご承知である。やがて、神の裁きの前にすべてのことが明らかにされる。その時に、私たちは神様からのごほうびをいただくことができるでしょう。パウロは言いました。「今や、義の冠がわたしを待っているばかりである。かの日には、公平な審判者である主が、それを授けて下さるであろう。わたしばかりではなく、主の出現を心から待ち望んでいたすべての人にも授けて下さるであろう」（Ⅱテモテ四・８）。皆さんにもそれが与えられますよと言いました。けれども黙示録のあの聖徒たちのように、与えられた冠も投げ出して、「主よ、私どもはあなたの恵みによって救われて、そして永遠の命を約束されました。この上何をいただきましょう」と、与えられた冠をも投げ捨てて、お互いにその礼拝式に参与しようではありませんか。

お祈りをいたします。

天の父なる神様、恵みの内にこのように、今晩の拙い御用でありましたが、させていただきまして感謝をいたします。もっともっと大変な中にお会いになった方もあるでしょうし、言い方によって、見方によってはいろいろな見方をすることもできると思いますが、しかし、あなたがたに神の言葉を述べ伝えてくれた者たちのことを思い起こしなさいと、今日も学ぶことができたことを感謝をいたします。どうぞ私たちの集いを祝してくださいますよう、本当にこの日本のために祈ることができるように、どうぞ日本の国を憐れんでくださるようにお願いをいたします。導いてくださるところのあなたに一切をお委ねし、栄光を主に帰して、主イエス・キリストのみ名によってお祈りをいたします。アーメン。

（第19回ホーリネス弾圧記念聖会・聖会説教　二〇一〇・六・二七　日本ホーリネス教団　学院教会名誉牧師）

講演会講演

弾圧と再臨信仰
——特高資料からみる弾圧の原因——

藤波　勝正

「万物の終わりが迫っています。だから、思慮深くふるまい、身を慎んで、よく祈りなさい。何よりもまず、心を込めて愛し合いなさい。愛は多くの罪を覆うからです。不平を言わずにもてなし合いなさい。あなたがたはそれぞれ、賜物を授かっているのですから、神のさまざまな恵みの善い管理者として、その賜物を生かして互いに仕えなさい。語る者は、神の言葉を語るにふさわしく語りなさい。奉仕をする人は、神がお与えになった力に応じて奉仕しなさい。それは、すべてのことにおいて、イエス・キリストを通して、神が栄光をお受けになるためです。栄光と力とが、世々限りなく神にありますように、アーメン」（ペトロの手紙　一　四・7〜11新共同訳）

私たち家族は戦前この浅草橋教会の近くの鳥越で生活し、きよめ教会神田教会に属していました。

弾圧が起きた時には安藤仲市先生が牧会されていて、そこで逮捕され、そして教会も閉鎖になり、集会をすることも禁止されました。その後、私たちの家族は湯河原に引っ越しましたが、引っ越しの要因の一つが教会の解散であったと聞いています。

戦後釈放された先生方が何人か湯河原の私の家を訪ねて来てくだり、弾圧の話を聞かせていただいていました。私が洗礼を受けた教会は家族が属していた神田教会ですが、戦後は基督兄弟団の本部教会になっておりました。その時の牧師は田中敬止先生で、先生も弾圧を経験され、三年半の実刑を受けられました。田中先生の前任の森 五郎先生からも、どんなにひどい拷問を受けたのかお聞きしたことがありました。若い頃から、弾圧を受けた先生から、また家族からいろいろなことを聞いていましたから、弾圧についてずいぶん長い間考えさせられておりました。今回は、その弾圧の原因がどこにあったのかということを私なりにまとめさせていただきました。

一九四二年（昭和17）に宗教弾圧が起きましたが、その一番大きな原因がどこにあったのかを教会を弾圧した側の資料『特高資料』を参考にしてお話ししたいと思います。

最初に弾圧の状況についてお話していきたいと思います。特にきよめ教会の人たちは、主が再臨される時にどうなるのかを考え、真剣に待ち望んでおりました。またユダヤ民族のために祈っておりましたので、ユダヤ人のスパイだと誤解された人たちがたくさんおります。面白い話があります。ある牧師が毎日毎日聖書を持って山にお祈りしに行きますから、多分秘密の場所があってどこかに通信をしているのだと誤解され、いつも一人の特高がついて行ったらしいのです。その先生は神様に通信しているのであって通信機を持っていません。先生は神に祈っていると話したとのことです。そのように特高がきよめ教会の先生に厳しくつきまとったようです。

ホーリネス系の牧師の第一次検挙は一九四二年（昭和17）ですが、第二次検挙は一斉検挙ではなく、一九四三年（昭和18）から一九四四年（昭和19）まで国内外で行われました。

当時の聖教会系ときよめ教会系の教役者は三八三人でしたが、二年にわたる検挙で合計一三四名、約35％の牧師たちが検挙されました。七五名の牧師が起訴されて、最高四年の実刑を受けました。不起訴になった牧師たちの中には約一年間の留置場生活をした方もいました。そして七名の牧師が獄死しました。

教会は、両方合わせて二九五教会ありました。その内二七〇の教会が解散させられました。記録を読んで私が一番悲しい思いをしましたのは、牧師が逮捕された後、教会員が集まって牧師夫人に自主的解散を申し出た教会が少数でもあったことです。

政府の命令で教会は解散させられ、信徒が三人以上集まることが禁止されましたが、個人的に他の教会の先生を招いての集まりは許されたようです。

きよめ教会の中心になって財産処理をした先生によりますと、教会の財産を売却して、弁護士費用や家族の救済のために用いたようです。聖教会の先生方はどうだったのかはわかりません。そういうような弾圧はホーリネス系だけではありませんで、セブンスデー・アドベンチスト教会では四二名の牧師が検挙され、三五名が起訴され、三名が獄死しております。

この弾圧の原因が何かを、どのように信仰を守ったのかをお話ししたいと思います。多くの失敗があったことも事実ですが、今回は失敗の方はあまり触れないようにし、弾圧の原因の方に力を注いでいきたいと思います。ではどうしてそのような弾圧がホーリネス系の教会に起きたのか。それをその当時の特高資料を通して学んでいきたいと思います。弾圧は理由なしに起きるわけではありません。私たちがどのような信仰を持ち、どのように告白し、どのように行動をするかが大事ですが、同時にその信仰の歩みを国がどのように理解したのかが肝要なのです。今回はそれを知りたいと思います。

政府が教会を弾圧しなければならないとの危機感を持ったときの日本の社会情勢を最初に簡単に触れたいと思います。私は歴史の専門家ではありませんので、もしかしたら間違っているかもしれません。その際はお赦しください。

一九二八年（昭和3）頃までは大正デモクラシーの時代で、自由に語ることができ、宣教の自由がありました。しかし、一九二九年（昭和4）にいわゆる世界金融大恐慌が起こり、その中で日本経済は破綻していきました。失業者があふれ、第一次産業が中心である農村、漁村は大きな打撃を受けました。ある本には、欠食児童があふれ、子供たちの生活が荒廃したとあります。農漁村では娘を売り出すという非常な悲しい事件が起こりました。そのような時代に不平の種をまき、追求することで一番力をつけてくるのがいわゆる社会主義運動であり、共産主義運動でした。非常に活発に活動したようです。

当時の日本政府は、明治憲法に記されている「天皇は神聖にして侵すべからず」を原点に、天皇を中心とした八紘一宇の精神で統一する方針で国を治めようとしていました。

一九三〇年代に入って軍国主義、国粋主義が盛んになっていく段階で、キリスト教徒の中でも、日本精神とキリスト教の調整が色々なかたちで行われ始めました。海老名弾正は、「新日本精神について」という講演を行ないました。彼は「天之御中主を八百万神の主宰神と考えれば、キリスト教の神観と『大同小異』だとして、日本の多神教も改革していけば、キリスト教と古神道を『同一の宗教』に帰一させることは可能である」と考えました。彼が属する組合教会でも、三位一体を神道に当てはめ、日本の神話とキリスト誕生や復活の類似点を求め、両者を強引に同一視しようとしたようです。このような動きは日本基督教会やメソジストの中にもあったらしいのですが、詳しくはわかりません。

藤原藤男先生は、「天皇の臣民たることは日本人の大公約数だ。われわれは日本人である。クリスチャンであるけれども日本人である」と言っています。

国家権力による強権が加えられてキリスト教が偏向したのではなく、自発的にこの主張に傾いていったのだと思います。当時の日本のキリスト者の多くは、表面では福音を語りながら、今で言う内なる天皇制との間で苦しみ、その同一性を求めたのだと思います。

一九四〇年（昭和15）に宗教団体法によって日本基督教団が創立されましたが、その時の規則には、イエスが神であると言いながら「天皇中心の国策に私たちは協力していく」と記しました。教会の中にも疑問を持った方々が多くいたと思いますが、この思想が受け入れられ、教会の規則となったのです。日本基督教団の講演会で松山常次郎代議士が「私たちは宗教を信じる場合、全て皇室中心・皇祖崇拝思想を中心として出発しなければならないのであります」と言って、教会は天皇中心の思想を持たなければならないと言っています。

中田重治は一九二七年（昭和2）、政府が宗教の管理を目指した宗教法案を提出することを知って、国が思想統一し始めたと大きな危機感を持ちました。国家による宗教支配に警鐘を鳴らし、教会がどのような行動をとるべきかを祈りつつ考え、反対運動を起こしました。普段交わりのない様々な教会とも連携して、「我々基督信徒は、信教の自由の束縛、あるいはこれに類する案の提出に反対する」と決議し、法案提出反対の運動を行いました。

その後、宗教団体法となり、一九三九年（昭和14）に国家による教会の監督権が与えられる法律が成立し、翌年に公布されました。その法律では、各宗教団体の成立、教団の統理者就任、教会の設立には国家の許可が必要となり、教会の行事を制限、禁止する権限が与えられました。

この日本基督教団にホーリネスの人々も苦しみながら参加し、第六部と第九部となりました。一九四三年（昭和18）に、文部省から教団に通知があり、ホーリネス系の牧師たちに、自発的に辞任しなければ身分を剥奪する旨を伝えられ、辞職を勧告された結果としてホーリネス系の牧師たちは牧師職を剥奪されました。

その時代、ホーリネス系の信者たちがあちらこちらで神社参拝を拒否した神社参拝の問題がありました。日本ホーリネス教会は一九三〇年（昭和5）の年会で、「神社を一つの宗教として見なす」と決議しました。そのことでホーリネスの信徒たちは神社参拝を拒否したのです。ある教会の幹部の息子が神社参拝を拒否したという理由で退学を要求され、無期限休学することになり、ついに退学することになったという事件まで起こりました。『特高資料』を読んでみますと、ある牧師夫人が神社参拝しないために顔が変形するほどなぐられたけれども神社参拝を拒否したという記事があります。

このような危機の中にあって、当時の教会がどう対処したのかを話したいと思います。国の方針に抵抗することなく、そのまま受け入れたようです。教会は信仰を守るために何をしなければならないかを考えないで、組織を守るためには、真理に反しない範囲で努力しなければならないという判断に立ったようです。

教会は日本精神との同一性を求めておりました。ですから八紘一宇の精神をそのまま受け入れてそのために祈り、協力することが神のみ旨だろうという説教があちらこちらの教会でなされておりました。この教会が、この先生がと思うほど多くの教会が八紘一宇を受け入れて戦争のために協力していたのです。「友のために死ぬとは、喜んで戦争のために死ぬことであり、戦争に行かなければならない」という説教がなされていました。ですから教会は国教ではありませんけれども、実質的には、国教のように政府に完全に従っていくような状態でした。

そのような社会情勢の中で、ホーリネス系はどういう歩みをしていたのか、少し見ていきたいと思います。ホーリネスのいわゆる最盛期には、リバイバルの栄光を拝し、教会員数は約二万人、教会数は約四百と日本の教会の中で第五位になっていました。日本だけでなく世界の教会でもホーリネス教会の動きが注目されるようになりました。成長してきたホーリネスの姿を見て中田重治は、この日本に特にホーリネス教会に神様がこのような栄光を現わしてくださったのだから、日本に、そしてホーリネス教会に使命が与えられているはずだと思い始めました。

聖書学院にリバイバルが起きた一九三〇年（昭和5）になってそういう考えを持ったのではありません。ある本によれば、中田重治が一九二二年（大正11）に本多庸一先生たちと朝鮮を訪れた時に、幾つかの教会を訪ねました。その時、日本に神様が何かの使命を与えているのではないかという考えを持ったとあります。

リバイバル当時のホーリネス教会、中田重治は四重の福音に堅く立っておりました。聖書信仰に堅く立ち、聖書は誤りなく神のことばだと信じて、主の業が行われていくことを信じて祈りました。同時に中田重治は、ただ日本だけ、自分の教派だけではなく、日本に、アジアに、世界にいつも関心を持つことを勧めていました。「イエス様は私の主であると同時に日本の主であり世界の主であり、それが再臨の時に確実に現わされる」と信じておりましたから、神のみことばは必ず約束の通りに成就するという再臨信仰を持ちました。

彼が一九一八年（大正7）に神田教会で再臨の話をし、内村鑑三、その他の先生たちの協力で再臨運動が始められ、神田の基督教青年会館（ＹＭＣＡ）で第一回の集会が開かれ多くの人たちから荒唐無稽なことと言われたようです。けれども、中田重治はみことばに書かれているものは必ず成就する、また、イスラエルの建国に関してもみことばであるならば必ず成就する、だれが何と言おうとみことばならば必ず成就すると信じたのです。聖書は誤りのない神の言葉であり、聖書に記されていることは必ず成就するというのが信仰の基礎でした。東洋宣教会の設立書の中にも「聖書の一言一句、神の言葉を信じます。聖書のみを信仰の根拠としております」と言っており、新生、聖化、神癒、再臨の信仰はすべてが誤りない神の言葉を信ずるところから始まっていました。

聖書が誤りのない神の言葉と信じておりますから、そこから再臨信仰を導き出し、イスラエルの回復も導き出しました。世界情勢もいろいろ考えたでしょう。でも、一番大事なことは、聖書に記されていることは文字通り成就するということが彼の信仰の基礎だったということです。そして主が必ず再臨されるのだからその日を待ち望まなければならない、その日のために備えていかなければならない、祈らなければならないと語ったのです。人間の論理を超えたところに神様が働いてくださるから、神の言葉、神御自身を信頼することこそ、私たちのすべてであるということが中田重治のモットーでした。

一九三〇年（昭和５）にはホーリネス教会の教役者会で「主は近し。日本全国の教化を速やかにせんがために、同信の諸教団が合同し、新団体を組織せんことを希望する」と宣言までしました。再臨が必ずあると信じてそのことを日本の教会のために伝えていかなければならない、伝道しなければならない、祈らなければならない、戦わなければならないということを語り続けました。そして、ホーリネスだけではなくて多くの教会の中に浸透してまいりました。

当時はいわゆる新神学と言われる神学が盛んな時でありましたので、みんな荒唐無稽なことだと言っていました。宗教団体法に基づく日本基督教団の規則にも再臨を信ずると書いてありますけれども、それは精神的なものであって具体的な再臨と解そうとはしていなかったというのが現実です。そういうように再臨が近いと信じた中田重治は、終末において日本がどうなっていくのかと考え、世界を見ました。日本を愛している重治は、日本をどのように理解するのか、日本がどうなっていくのか、その時に日本はどういう行動をするのかを求め続けたのです。終末における日本の姿を求め続けました。

私たちは、現実の社会がどのように変化していくのかをあまり考えないで、「主よ。すみやかにおいでください」とお祈りしますが、中田は現実に起こることを考えていました。

日本人の心に潜在的にあるのは、信仰とは心の問題であって、社会変革の問題とは違うという考えです。「主よ。おいでください」とお祈りしていても、それは私の問題であって、伝道の問題であって、きよめの問題であって、社会変革とはならないと思っています。しかし、中田重治は再臨の時、終末には再臨の主による社会変革が起こることを信じましたが、社会運動とは考えていませんでした。日本はどうなってゆくのか、日本の役目は何かという考えから生み出されたのが日本の民族使命の出発点です。

もう一つ、日本が旧約聖書と関係があるとはっきりしたら日本宣教に有効であると考え、日本との関係を模索しました。聖書が示す真の神と日本の宗教との間に関係があり、昔の日本にもしかしたらユダヤの人たちが来て信仰の種が蒔かれていたかもしれないと真剣に考えていました。日本の優秀性、天皇の神格化、日本精神といった流れの中で、いろいろな本との出会いもあり、日本民族の使命を考えるようになりました。時代に影響されて、時代を通して聖書を見ていたのは事実です。

中田は一九三二年（昭和7）十一月に淀橋教会で「聖書より見たる日本」という聖書解釈の連続講演を行い、研究課題として日本民族使命を発表しました。日本が破竹の勢いで西へ西へと進んでいく姿を見て、黙示録の東から翼を呼ぶというみことばを思い起こし、軍事力をもって必ずエルサレムを回復する力を注ぐという考えまで持ったのです。

「中国に進駐して行くと日本軍隊はそのままエルサレムまで行く」という説教まであります。『きよめの友』にありますが、「反戦主義を私はとらない。なぜならば神は戦争を通してその業を進めている。その証拠として日本が中国を占領している。それが必ずエルサレムまで行く。そしてイスラエルの建国を助ける」という思想まで持っていました。

なぜ中田重治がそのような使命感を持ったかというと、私たち一人一人に使命があるように国にも使命があり、すべての民族に使命があり、日本の使命はイスラエルの建国を助けることであると考えたのです。ユダヤ民族と日本民族との間には深い関係があり、それを神の摂理として受け止めなければならないと言っています。

黙示録七章の五人の天使は各民族を表わし、東の天使は日本であると語りました。「偽キリストが現われて世界を乱そうとする時に、イスラエルを助けて行けるために戦ってゆくのが日本であり、それが成就するのが艱難《かんなん》時代の時である」。共産化していくロシヤを偽キリストの働きと考え、「今は世界の国々がロシヤ即ち偽キリストの子分にならないように戦わなければならない。そして日本は軍事力でイスラエルのために戦わなければならない」と考えていたようです。

ペルシャのクロスの名が太陽であるから、クロスは日本を表わすと言ったこともありました。クロスは日の丸が国旗である日本民族を指すと考え、イスラエルの建国のために労したクロス王の働きに関するイザヤの預言を全部日本に当てはめ、それらが成就すると信じていたのです。

そのようにきよめ教会は、中田重治は、政府の民族意識の中に完全に入っておりましたが、天皇の神格化には反対していました。

『きよめの友』に「天皇中心の社会が聖書的である」というような説教まで出てまいります。「八紘一字の精神というものが聖書に基づくものだから、日本のために祈ること、天皇のために祈ることはホーリネスきよめ教会にとって大事なことだ。そのために祈らなければならない」という説教もあります。けれど、神が日本に遣わされた天皇のために祈ることであって、政府が言う神聖にして犯すべからざる天皇を受け入れたのではありませんでした。ですからきよめ教会の先生たちは神社参拝には絶対に反対しました。

ただ、それとは矛盾なく八紘一字の精神を受け入れ、天皇のために祈り、戦争に協力していたのです。その後弾圧が起こって逮捕された時、先生方と家族、教会が大変驚いたと聞きます。

政府がきよめ教会をどう見ていたかが、一九四二年（昭和17）に発行された『特高月報』に記されています。聖教会ときよめ教会を調査し、ホーリネス信仰とその歴史、聖書観、その他について書いています。

第一にホーリネス系の聖書論についての要約を話します。

聖書に対する解釈は、他の一般キリスト教会のごとく、聖書を宗教の書としてこれを専ら精神的、霊的に解釈するのではなく、聖書の内容はことごとく国家社会の問題と結びつけて解釈し、これに記載されているものはことごとく文字通りに現実の地上社会に実現するものなりと妄断している。欧州大戦、大東亜戦争を以てハルマケドンの戦いの開始で、人類社会の終末が近づきつつあるためとしている。これは聖書の予言中の予言というべきキリストは地上肉現して、現存国家が廃止され、キリストによる神政政治が実現するものと盲信している。全生涯を神の目的の実現のために献身努力する。再臨のキリストとユダヤ人中心の神の王国建設運動を否定するのは、非キリスト者であると非難している。

ホーリネス系の神観について要約します。

神は天地人類を創造以来常に人類の平安幸福を希望する本質を有する神であるから、神の目的は必ず実現し、何者も妨害できないとしている。

人類が神から離反し悪魔の支配に造りあげた現存の諸国家の人的統治制度をことごとく廃止し、キリスト統治の千年王国即ち、キリストの生命を体としてユダヤ人が「エルサレム」に中央政府を設け、全世界を一元的に支配する社会を実現し、最終には悪魔自体をも滅亡せしめて神直接統治の新天新地を建設し、これを以て人類創造の初期の目的通りの地上を完成すべき目的を有すると説いている。

第二に神宮神社に対する態度の要約です。

三位一体の神が唯一最高なる生ける神なので、所謂《いわゆる》偶像崇拝を排撃し、皇祖天照大神を御祭神とする神宮をはじめ神社は悉く《ことごと》三一の神の被造物たる人を祭れるものである。歴代天皇、その他国家に功労ある人を記念するための建築物に過ぎないと解している。神宮、神社はなんら人類に対して幸福を与える能力なきものなりとして信仰礼拝の対象ではないと極めて不遜な態度である。絶対に礼拝すべきに非ずとの神宮誹謗にありたるなり。

第三は国家社会観についての要約です。

千年王国に統治権は全てキリストより摂政せられるものにして、わが国の天皇統治もまた当然廃止せらるべきものなりと騙《だま》している。

第四は教会の目的についての要約です。

きよめ教会の目的は、日本民族はユダヤ民族を援助して神の王国を建設すべき民族使命を有すると説く関係上、日本民族はユダヤ民族の建国に対して援助すべき責任と立場に置かれている。故にユダヤ民族の建国を助くるように祈ることと、イスラエル民族の回復のために祈ることが教会の使命なる旨、説きつつある。聖書に基づくところのイスラエル民族が回復すると、ユダヤ民族の国が建国される。その建国のために日本人には使命があり、日本のために労し、使命の達成の為に祈らなければいけない。きよめ教会はユダヤ民族を中心とした社会を目指し、結果的には天皇の支配権は失われる。

このように、ホーリネスの人々の信仰思想の基本は聖書信仰であり神の力であること、偶像礼拝に対する態度も本当によく調べてありました。ホーリネスの人々は聖書信仰に立って、千年王国ではキリストによる支配が行われるから天皇の統治もなくなると信じていますが、それは天皇を神とする天皇制の否定であり、再臨のイエスを中心とするユダヤ国家建築の問題となります。そのことが文字通り実現すると主張する教会の宣教に対して恐れを持っていたのです。

両教会はそのことが再臨の主の御力で実現すると信じて伝道していたのですが、政府は、共産主義者のような革命運動の一つと理解し、非常な危機感を持ったようです。神社参拝を拒否しただけではなく、天皇の権威を否定し、その終焉を予言し、ユダヤ中心の国家の建設を目的として援助していると受け取り、伝道活動はそのための宣伝と解釈したのです。いわゆる共産主義運動の人たちが共産党支配の社会を目指したのと同じように判断し、弾圧を加えたのです。

そのことが尋問調書や起訴状の中にも出てまいります。弾圧のために召されました横浜教会の菅野先生の尋問の中にも出てきます。天照大御神をどう思うのかという尋問の時に千年王国のことや天皇政治の質問が多くなされています。

菅野　鋭牧師の尋問調書の写しが載せられている『殉教』で当時の取り調べの傾向がわかります。信仰歴や人間関係を聞き、信仰の内容に対して尋問したのち、第四回には天照大神について尋問しています。先生は主の再臨の預言の成就である千年王国は社会制度の変革であり、天皇政治から神政政治に変わると語っています。「このことが統治者として考えた場合は国家観と教理に矛盾がございますが、信仰を持つ以上、神政政治が一日も早く布かれることを切望しているものでございます」と答えたのです。

次に天皇に対する質問ですが、山崎鷲夫先生が菅野先生の予備審問の調書について記しておられます。検事の「天皇陛下は罪人か」という問いに対して菅野師は「天皇陛下もイエス・キリストの贖罪が必要です」と答えました。検事の最後の所見には、「菅野を取り調べた処、調書のとおり、信仰は頑固であり、とうてい改宗の見込みは望めないので一罰他戒の意味で相当のご処分相成りたい」とありました。

取り調べの目的が牧師たちの信仰を弱め、日本的キリスト教に改宗させるためであったことは明白です。

函館の聖教会の小山先生については、聞いた話なので正確でないかもしれませんが、先生が拷問を受けている隣の部屋に函館教会の信者を集めて先生の悲鳴を聞かせたと聞いたことがありました。小山先生は二五歳という若い牧師でしたが、非常な拷問を受けて、刑務所の中で殉教しました。小山先生が取り調べられたのは次のような言動です。

戦争反対に反対して、真珠湾攻撃について宣戦布告なしに戦争を開始したことは悪いと非難した。神社参拝に反対して教会の信者をこのように指導している。人間は罪人であり、天皇も罪人である。基督は再臨して世界を審判する。この時、日本も審判される。

大江捨一師と岡村謙一師の起訴状で見る取り調べの目的は、次のようになります。唯一の創造の神に対する信仰と人間の堕落、キリスト空中携挙及び地上再臨とキリストの統治すなわち国体の変革で、イスラエルを中心とした世界の地上の神の国の建設は天皇統治の廃止である。この内容の結社であることを知りながら目的達成のために努力した。

その他の牧師たちの起訴状を見てみますと、皆同じように神に対する態度、また空中携挙の時、主の来臨の時に日本の国はどうなるのかという質問を受けております。起訴された牧師たちの起訴状の中心は、「天皇政治が廃止されてゆくという思想を持っているか。なぜあなたがたはそういう教会に加わるのか。イスラエル中心とした世界の地上の神の国ができた時に天皇はどうなるのか」ということです。

特高資料に「多くの教会は、ホーリネス系の牧師達に対して、知識のない者、誤って聖書を解釈する者、政治と宗教を混同していると言って批判している」とありますが、当時の日本の教会は、再臨の主は精神的再臨と解釈しており、文字通りに地上再臨を信じるホーリネス系とは区別されていました。

このように、ホーリネス系の教会は、他の教会と区別され、治安維持法違反として検挙されたのですが、その治安維持法について少し話したいと思います。

「国体を否定し、または神宮もしくは皇室の尊厳を冒瀆すべき事項を流布することを目的として結社組織したる者、または結社の役員その他指導者たる任務に従事したる者は、無期または四年以上の懲役に処し、情を知りて結社に加入したる者また結社の目的遂行の為にする行為をなしたる者は、一年以上の有期懲役に処す」とあります。

聖教会およびきよめ教会所属の教会に「宗教結社禁止令」が出ましたが、その冒頭に「彼らは新旧約聖書を神のことばと称し」とあります。解散の理由として次の三つが挙げられていました。

(1) 神宮に対する不敬：唯一の創造神に対する信仰が神宮に対する不敬。

(2) 天皇に対する不敬：全ての人がキリストに対する信仰によって救われることは天皇をも罪人とすることで、天皇に対する不敬。

(3) 国家変革の意図せる罪：キリストが主の主として再臨されることを宣伝することは、国体の変革を意図せる罪すなわち治安維持法違反となるとしている。

これらは、私たちがいつも言っていることです。創造の神を信ずるということ、天皇も罪人であるということ、そして主が再臨された時に当然のこととして国家変革が成っていくということを言っているきよめ教会が解散されなければならないのです。逆に言いますと、これらを言わなかった教会がどのような表現をしたのでしょうか。

弾圧当時日本基督教団の書記をしていた滝沢 清先生は日本キリスト連合会の創立者ですが、私と大変親しくしておりまして、わざわざ私の小田原の教会に訪ねて来てくださり、戦争中日本基督教団がホーリネス系にどのような態度をとったかをずい分長い時間話してくださいました。先生以外知らない話だからぜひ文章に残してほしいとお話ししたのですけれども、半年も経たないうちに召されてしまいました。メモをとっておけばよかった、録音しておけばよかったと残念に思いました。用事がないのに来てくださったということは遺言として私に伝えたかったのだろうと思いました。

その時に滝沢清先生の話されたことの中から少し話したいと思います。

滝沢先生は、いわゆる第一次の弾圧から第二次の弾圧の間のことだと思いますが、内務官僚と一緒にきよめ教会、聖教会を多く訪ねたそうです。きよめ教会の牧師も聖教会の牧師も「弾圧は主からのものだから受け止めていかなければならない。これは戦っていかなければならない。私たちはどんなことがあっても主の再臨を信じていかなければならない」と説教をしていました。その説教を聞いた滝沢先生は「神の国やイスラエルのこと、殉教について語らなければ良いのに」と思ったそうです。「その教会の集会人数はそう多くはなく、いつもと違った私たち二人がどういう人間かわかるはずだろうと思った。牧師は私たちのことをわかってもなお語り続けていく。それに対して私は非常な尊敬の念を持った」と言っていました。先生は内務省と日本基督教団の間をずい分往復したようです。

戦後マッカーサーが進駐してきた晩、教団本部の前でたくさんの書類を燃やしたということでした。先生は「その光景を見た時にこの教団にいることはできない、この事務所にいることができないと思って、私は日本基督教団の書記をやめました」と話してくれました。その後先生は日本キリスト連合会を創立することを決意したそうです。

『特高月報』の最後には「ホーリネスの教会の人たちはこの弾圧や逮捕を神からの試練と受け止めて、彼らの信仰は弱らず、なお献金し、なお祈祷に励んでいる。彼らの信仰は弱らない」と評価しています。

戦前のホーリネス系の教会が間違いをたくさん犯したことは事実です。弱かったところも知っています。けれども信仰を持って戦っていったこともまた覚えていかなければならないのです。

治安維持法で裁かれたのは再臨信仰と天皇制の問題でした。再臨信仰とは、イエスが私の主であると同時に日本の主であり、世界の主であり、すべての者を支配する御方なのだということを私たちが告白することです。日本人は信仰を心の問題としかとっていません。しかし、主が再臨された時、世界が変わり、日本が変わり、すべての体制が変わっていくのです。再臨信仰とはまた、イエスだけが主であり、イエスがすべてのものを支配するお方であるということを私たちが宣言することです。私たちが聖書は誤りのない神のことばと信ずるならば、聖書の預言通りにすべてのことが成就すると信じていなければならないと思います。

お祈りいたします。

愛する父なる神様、今日この午後、弾圧の原因について少し学ばせていただいたことの一端をお話しさせていただきました。私たちがイエスを主であることを信じ、イエスがみことばのごとくに必ず約束のごとく現実してくださるということを信じていくことの大切さ、またそれは命がけであるということを覚えさせていただきました。ホーリネスの先輩の先生方が、苦しい迫害の中にあなたのみことばを守り通していったように、私たちもあなたのみことばにすべて信頼して、あなたのみことばに従って主の栄光を現わす者として用いていただくことができますようにお願いいたします。弱い私たちです。倒れやすい私たちです。でも主が共にいてくださることを信じます。私たちを憐れんでください。イエス・キリストの御名によってお祈りいたします。アーメン

(第7回ホーリネス弾圧記念聖会・講演会講演　一九九八・六・二八　基督兄弟団　小田原教会牧師)

注：　兄弟団が日本民族使命について悔い改めた「過去の罪責に対する悔い改めと将来への決議」は、一九九六年三月二八日に基督兄弟団教役者会で決議され、同年三月二九、三〇日の第五一総会で総会決議として議決された。

あとがき

ホーリネス弾圧記念同志会委員会　書記　**土屋和彦**

二〇一一年三月十一日から七年目の今年、「風化させてはならない」「後世に伝える」などとの発言が目立ったように思いました。多くの人たちが体験しているにもかかわらず、忘れられようとしている危機感が、そのように語らせているのでしょう。しかし、この日を体験した人が少なくなった時にこそ、深刻な風化が始まるように思います。

例えば、第二次世界大戦の悲惨さを体験した人が少なくなっている今、どれだけの人が「絶対に戦争だけはしてはならない」「軍隊も武器も必要ない」との思いを持っておられるでしょうか。少なくとも、敗戦直後には、今、政権政党が主張しているような主旨の発言は許されなかっただろうと思います。それだけ風化しているのです。

さて、同様に、その時に起こった思想弾圧を体験し、またはその事実を目の当たりにした人が少なくなっています。どれだけの人が危機感をもって、信仰生活を送られているでしょうか。当事者と言えるホーリネス系教会にも風化は起きていると言わざるを得ません。

私の恩師の一人であり、関東学院大学の教授であられた大島良雄先生が、ある時、私のいい加減な信仰を喝破し、「あなたの教会の牧師はこの教えのために死んだんじゃないか。あなたがちゃんと受け継がないでどうするんだ」と厳しい口調で指摘されました。

信徒伝道者だった祖父が弾圧を受けた家で生まれ、後年、殉教された菅野 鋭牧師の教会で信仰を持ち、尾花 晃牧師を始めとする、事件の生き証人たちの信仰を見ながら育てられてきた私自身が、弾圧の出来事を風化させていた一人であることに気づかされた瞬間でした。

その後の私は、エリシャのように、その遺志を継ぐことに心を傾けていきました。

エリシャの師、預言者エリヤは、偶像礼拝のはびこる北王国にあって、すばらしい働きをしました。だれもが、このエリヤを失ったら、この北王国は、また神への信仰はどうなるのだろうかと思うような働きでした。

いつ頃からか、周囲がエリヤの継承者であることを認め、自分でも自覚するようになっていたエリシャは、いよいよエリヤが最後を迎える時、「あなたの霊の二つの分をわたしに継がせてください」と申し出ます。「霊」とは、エリヤの預言者としての賜物を、「二つ分」とは長子の特権を表す言葉です。厚かましい申し出でしょうか。しかし、彼の求めは純粋でした。私ごとではない、この時代に、この国に、神の言葉を伝えなければならないとの使命をはっきり持っていたからです。エリヤはその判断を神に委ね、神さまはエリシャの要請を聞かれました。そして、エリシャは、神の器として大きな働きをすることができました。

私たちは、この時代まで連綿と受け継がれてきた信仰の遺産を忘れてはなりません。それは、多くのエリシャたちが、聖徒たちの後継者として名乗りを上げ、継承したからこそ続いてきたのです。神さまは、この時代に、使命を持って立つ信仰者を求めておられるのです。

ではエリシャのように立つために、私たちが備えるべきことは何でしょうか。

まず、自分がこの恐ろしい力の支配する時代に生まれたことを自覚することです。それはすなわち、私たちがこの時代の中で、証しの使命を帯びていることを意味しています。それに応じる姿勢を持つことです。次に、エリヤの神は、私の神でもあります。自分の能力ではなく、神がなされるのだとの信仰に立つことです。神に期待するのです。そして、三つ目は、過去に起こった出来事を覚えることとです。エリシャはエリヤのなした奇跡を覚えていたことで、それ以上のわざをなすことができたと考えられます。過去を検証し、信仰の遺産がどのようなものであるかを知ることで、自分の信仰が高められ、神に大胆に仕えることができるようになるのではないでしょうか。

「わたしたちは、あなたがたおのおのが最後まで希望を持ち続けるために、同じ熱心さを示してもらいたいと思います。あなたがたが怠け者とならず、信仰と忍耐とによって、約束されたものを受け継ぐ人たちを見倣う者となってほしいのです」（ヘブライ人への手紙六・11）

風化はその翌日から始まっていきます。ゆえに、弾圧に対する警鐘の戦いは、あの六月二六日から続いているのです。そのために、神はあなたを必要とし、立たせようとしておられます。備えをし、エリヤを継ぐ者とさせていただきましょう。願わくは、そのためにこの書が用いられますように。

最後になりましたが、講演者の肩書き等は、当時のものといたしました。また、引用資料については支障がないと判断した部分は読みやすいように現代文になおしました。

今回の第三集の出版にあたり、委員の石川洋一師、山崎　忍師、平野信二師、志村誠信師が講演テープを原稿に起こし、さらに校正してくださいました。また、講演された先生方には内容をご精査いただき、召天されておられた先生方については、そのご家族に原稿を確認していただきました。
最後に、ヨベルの安田正人兄の多大なお働きがなければ、上梓できなかったことは言うまでもありません。たずさわっていただきましたすべての方々のご労に、心より感謝申し上げます。

二〇一八年六月

ホーリネス弾圧記念同志会委員会理念

この委員会は、一九四二年六月二十六日、日本基督教団第六部（旧日本聖教会系）、第九部（旧きよめ教会系）及び、東洋宣教会きよめ教会に属する教職者らが官憲によって一斉検挙された、いわゆるホーリネス教会弾圧事件を風化させぬよう、史実として記憶させると同時に、宗教弾圧にかかわる事例の検証を深め、社会を注視しつつ、信仰的振起高揚を促し、使命をもってホーリネス信仰の継承に努め、活動する。

ホーリネス弾圧記念同志会委員会組織（二〇一八年五月現在）

顧問：峯野龍弘（ウェスレアン・ホーリネス教団 淀橋教会）、本間義信（ウェスレアン・ホーリネス教団 境の谷めぐみ教会）、委員長：工藤公敏（基督兄弟団 足立六町チャペル）、会計：仲村 堪（ウェスレアン・ホーリネス教団 淀橋教会）、書記：土屋和彦（日本ホーリネス教団 相模原キリスト教会）、委員：池原三善（新古河教会）、石川洋一（基督聖協団 相模原教会）、平野信二（日本ホーリネス教団 熊谷教会）、山崎 忍（ウェスレアン・ホーリネス教団 浅草橋教会）、志村誠信（基督兄弟団 水戸教会）、中村和司（ウェスレアン・ホーリネス教団 淀橋教会）、笠原義一（基督教聖協団 越生教会）

◆ホーリネス弾圧記念聖会一覧◆

弾圧50周年記念聖化大会（一九九二・六・二八）
講演会講演：本間義信師
聖会説教：村上宣道師　聖会証詞：越山八郎兄
場　　所：ウェスレアン・ホーリネス淀橋教会
テ ー マ：昭和の宗教弾圧とホーリネス信仰
「燃える炉の中より」

ホーリネス弾圧記念聖会（一九九三・六・二七）
講演会証詞：谷中さかえ師、初見司郎師、尾花美歌子師
講演会講演：黒木安信師
聖会説教：蔦田眞實師　聖会証詞：松原頼子師
場　　所：イムマヌエル綜合伝道団主都中央教会
テ ー マ：昭和の宗教弾圧をホーリベス信仰の継承
「迫害に耐えた嗣業」

第3回　ホーリネス弾圧記念聖会（一九九四・六・二六）
講演会証詞：松村さだ子師、尾花　晃師、大畠百合師
講演会講演：蔦田眞實師
聖会説教：峯野龍弘師
場　　所：日本ホーリネス教団横浜教会
テ ー マ：昭和の宗教弾圧とホーリネス信仰の継承
「聖前に立つ揺るがぬ望み」

第4回　ホーリネス弾圧記念聖会（一九九五・六・二五）
講演会講演：千代崎秀雄師　講演会証詞：井上　馨師
聖会説教：藤波勝正師　聖 会 証 詞：米田奈津子師
場　　所：ウェスレアン・ホーリネス浅草橋教会
テ ー マ：昭和の宗教弾圧とホーリネス信仰の継承
「弾圧が何故、彼らに？」

第5回　ホーリネス弾圧記念聖会（一九九六・六・二三）
講演会講演：本間義信師　講演会証詞：松本きみ江師
聖会説教：松木祐三師　聖 会 証 詞：斎藤繁實兄
場　　所：日本ホーリネス教団東京中央教会
テ ー マ：昭和の宗教弾圧とホーリネス信仰の継承
「弾圧の意味するものと教会の責任」

第6回　ホーリネス弾圧記念聖会（一九九七・六・二九）
講演会講演：千代崎秀雄師
聖会説教：蔦田公義師　聖会証詞：尾花 晃師
場　　所：イムマヌエル綜合伝道団主都中央教会
テ ー マ：弾圧の実相と今日の宣教的使命

第7回　ホーリネス弾圧記念聖会（一九九八・六・二八）
講演会講演：藤波勝正師
聖会説教：黒木安信師
場　　所：ウェスレアン・ホーリネス浅草橋教会
テ ー マ：昭和の宗教弾圧とホーリネス信仰の継承
「危機に生きるホーリネス」

第8回　ホーリネス弾圧記念聖会（一九九九・六・二七）
講演会講演：宮田光雄氏
聖会説教：竿代信和師
場　　所：ウェスレアン・ホーリネス淀橋教会
テ ー マ：昭和の宗教弾圧とホーリネス信仰の継承
「世紀を貫くホーリネス信仰」

第9回　ホーリネス弾圧記念聖会（二〇〇〇・六・一八）
シンポジュームパネラー：小笠原黎子師、岡 摂也師、
瀬戸偉作師、土屋和彦師
講演会講演：小林和夫師
場　　所：ウェスレアン・ホーリネス淀橋教会
テ ー マ：昭和の宗教弾圧とホーリネス信仰の継承
「世紀をつなぐわれらの信仰」

第10回　ホーリネス弾圧記念聖会（二〇〇一・六・二四）
講演会講演：石浜みかる氏　講演会証詞：土岐祐子氏
聖会説教：大畠之成師
場　　所：ウェスレアン・ホーリネス淀橋教会
テ ー マ：昭和の宗教弾圧とホーリネス信仰の継承
「世紀を拓く主の栄光」

第11回　ホーリネス弾圧記念聖会（二〇〇二・六・二三）
講演会講演：亀谷荘司師　講演会証詞：相田 望師
聖会説教：本間義信師
場　　所：ウェスレアン・ホーリネス淀橋教会
テ ー マ：世紀を築くホーリネス信仰

第12回　ホーリネス弾圧記念聖会（二〇〇三・六・二二）
講演会講演：根田祥一氏　講演会立証：我部昌彦氏
聖会説教：杉本 勉師
場　所：ウェスレアン・ホーリネス淀橋教会
テーマ：宗教弾圧を再び繰り返さない為に
「聖名の為の苦しみと喜び」

第13回　ホーリネス弾圧記念聖会（二〇〇四・六・二七）
講演会講演：石黒イサク師　講演会立証：千代崎聖子師
聖会説教：中島一碩師
場　所：ウェスレアン・ホーリネス淀橋教会
テーマ：弾圧が問いかけるもの

第14回　ホーリネス弾圧記念聖会（二〇〇五・六・二六）
講演会講演：土井健司氏
聖会説教：小林 浩師　聖会立証：朝岡満喜子師
場　所：ウェスレアン・ホーリネス淀橋教会
テーマ：歴史に生起した弾圧
「歴史に見る弾圧Ⅰ・教父時代」

第15回　ホーリネス弾圧記念聖会（二〇〇六・六・二五）
講演会講演：趙南洙師
聖会説教：斎藤信男師　聖会立証：斎藤溢子師
場　所：ウェスレアン・ホーリネス淀橋教会
テーマ：神の愚かさは人よりも賢い
「歴史に見る弾圧Ⅱ・日本の半島統治と宗教政策」

第16回　ホーリネス弾圧記念聖会（二〇〇七・六・二四）
講演会講演：木村葉子師
聖会説教：峯野龍弘師
場　所：ウェスレアン・ホーリネス淀橋教会
テーマ：今、見つめるべきこと
「歴史に見る弾圧Ⅲ・今日の諸問題をめぐって」

第17回　ホーリネス弾圧記念聖会（二〇〇八・六・二二）
講演会講演：関田寛雄師
聖会説教：濱野好邦師　聖会立証：小笠原黎子師
場　所：ウェスレアン・ホーリネス淀橋教会
テーマ：わたしたちの覚悟

第18回　ホーリネス弾圧記念聖会（二〇〇九・六・二一）
講演会講演：平林冬樹司祭
聖会説教：池原三善師　聖会立証：高橋愛子姉
場　　所：ウェスレアン・ホーリネス淀橋教会
テ ー マ：殉教を支えたキリストのいのち
「カトリックの殉教に思いを馳せて」

第19回　ホーリネス弾圧記念聖会（二〇一〇・六・二七）
講演会講演：今村嗣夫氏
聖会説教：小林和夫師　聖会立証：仲村　堪兄
場　　所：ウェスレアン・ホーリネス淀橋教会
テ ー マ：地の塩、世の光として

第20回　ホーリネス弾圧記念聖会（二〇一一・六・二六）
講演会講演：上中　栄師
聖会説教：小寺　徹師　聖会立証：大畠百合師
場　　所：ウェスレアン・ホーリネス淀橋教会
テ ー マ：ホーリネス信仰の検証と継承

第21回　ホーリネス弾圧記念聖会（二〇一二・六・二四）
講演会講演：島　隆三師
聖会説教：横山聖司師　聖会立証：島　千代子姉
場　　所：ウェスレアン・ホーリネス淀橋教会
テ ー マ：伝えられた信仰の継承

第22回　ホーリネス弾圧記念聖会（二〇一三・六・二三）
講演会講演：小寺　隆師
聖会説教：笠見　滋師　聖会立証：本間義信師
場　　所：ウェスレアン・ホーリネス淀橋教会
テ ー マ：弱さの中でこそ

第23回　ホーリネス弾圧記念聖会（二〇一四・六・二二）
講演会講演：石黒イサク師
聖会説教：岡　摂也師　聖会立証：六田文秀兄
場　　所：ウェスレアン・ホーリネス淀橋教会
テ ー マ：語り継ぐホーリネス弾圧

第24回　ホーリネス弾圧記念聖会（二〇一五・六・二四）
講演会講演：山口陽一師
聖会説教：土屋和彦師　聖会立証：米倉正夫兄
場　　所：ウェスレアン・ホーリネス淀橋教会
テ ー マ：弾圧は忘れた頃に

第25回　ホーリネス弾圧記念聖会（二〇一六・六・二六）
講演会講演：森島　豊師
聖会説教：田中時雄師　聖会立証：原田時近兄
場　　所：ウェスレアン・ホーリネス淀橋教会
テ ー マ：弾圧は昔話ではない

第26回　ホーリネス弾圧記念聖会（二〇一七・六・二五）
講演会講演：中村　敏師
聖会説教：瀬戸偉作師　聖会立証：山崎栄子姉
場　　所：ウェスレアン・ホーリネス淀橋教会
テ ー マ：弾圧は何だったのか

神の言はつながれてはいないⅢ

2018 年 6 月 26 日 初版発行

編　者 ── ホーリネス弾圧記念同志会委員会

発行者 ── ホーリネス弾圧記念同志会委員会

〒 169-0073 東京都新宿区百人町 1-17-8
ウェスレアン・ホーリネス教団淀橋教会内
TEL 03-3368-9165（代）

発売所 ── 株式会社ヨベル　YOBEL, Inc.
〒 113-0033 東京都文京区本郷 4-1-1　菊花ビル 5F
TEL03-3818-4851　FAX03-3818-4858
e-mail : info@yobel. co. jp

印　刷 ── 中央精版印刷株式会社

配給元─日本キリスト教書販売株式会社（日キ販）
〒 162 - 0814　東京都新宿区新小川町 9 -1
振替 00130-3-60976　Tel 03-3260-5670

 ISBN978-4-907486-76-1 C0016

使用聖書は、聖書 新共同訳、口語訳（日本聖書協会発行）、
聖書 新改訳（新日本聖書刊行会）を使用しています。